A SHORT HISTORY OF SECULARISM

世俗主义简史

〔英〕格雷姆·史密斯 著

蒋显璟 译

商务印书馆
创于1897 The Commercial Press

Graeme Smith

A Short History of Secularism

Copyright © 2007, 2008 Graeme Smith. Published by arrangement with I. B. Tauris & Co Ltd, London. Chinese (Simplified Characters) Trade paperback copyright © 2021 by The Commercial Press.

All Rights Reserved

献给苏珊娜

目　录

致　谢

本书的大部分是在卡迪夫圣米迦勒学院批准的一次研究休假中调研和写出的。我非常感谢校长、尊敬的彼得·赛吉威克（Peter Sedgwick）博士批准我时间承担这项工作。

我有幸在一个鼓励令人激动的思想和新想法的环境中工作。圣米迦勒学院的师生都是极佳的对话伙伴，我时刻庆幸有机会参与他们的讨论。彼得·赛吉威克、史蒂芬·罗伯茨（Stephen Roberts）和史蒂芬·亚当斯（Stephen Adams）都是卓越的同事，他们对我的思想发展贡献甚多。这里不可能列出所有该感谢的学生的姓名，但我希望他们知道，他们教给我很多知识。

在学术期间，卢克·卡兰（Luke Curran）和蒂娜·弗兰克林（Tina Franklin）承担了本该是我的教学工作。我非常感激他们乐于为我代课，我也知道有这样好的同事我是多么幸运。我对他们两人所做的一切深表谢意。

有几位同仁阅读过本书的全稿或部分稿件。我必须感谢曼农·帕里（Manon Parry）和戈登·史密斯（Gordon Smith）。

1

他们的评论很有助益，在每一阶段都指引了我。安吉·皮尔斯（Angie Pears）博士通读了全稿，在项目的最重要时期他们的评论很有见地，很有裨益。她是一位宝贵的重要朋友，对我的思想形成贡献甚多。我对她感激不尽。

我不能希望比阿列克斯·莱特（Alex Wright）更好的编辑了。他是这个项目背后的灵感和推动力。他的分析与评论使本书发展成现在这个样子。若不是他的努力，本书会逊色许多。

当然，不应该认为上面诸位会赞同我所说的每句话。本书的最终结论和论点都是我自己的。

我的伴侣苏珊娜在我撰写本书时承担了照料孩子的主要职责。她以惯常的优雅与智慧做了这一切。她阅读了部分章节，并从一个神学院以外之人的视角提出了有价值的批评。因为这一点以及其他许多方面，我格外幸运。我以全部的爱将此书奉献给她。

第一章　西方世俗主义

　　把西方说成是世俗化的，这是什么意思呢？这意味着
我们身处基督教的末日吗？教会面对着不可避免的最终的衰
落吗？在开化民族的文化中，科学和理性战胜了迷信和神话
吗？西方在其知性的旅途上有了如此长足的进步，不再需要
宗教的支撑和安慰了吗？抑或宗教是西方社会中一种强盛的
持久的方面？21世纪从2001年9月11日那个可怕的日子开始，
要成为一个宗教的世纪吗？西方大部分人都信上帝，而且倾
向于把自己描绘成信教的。我们又怎么来看待这个事实呢？
在一个往往把自己称作世俗化的社会里，大部分人都信上
帝，并且把自己称作基督徒，这归根结底是一个事实。英国
往往被认为是西欧最世俗化的国家之一，就是这一事实的范
例。在英国政府2001年进行的人口调查中，72%的英国人自
称基督徒。在某些地区，如英国的东北和西北部，这一比例
分别上升到惊人的80%和78%。相比而言，15.5%的人说他们
不信宗教。[1] 1999/2000年《欧洲价值观研究》中的数据揭示
出全欧洲的一幅类似图景。平均而言，人口中77%的人说他

们信上帝。那些自称为"坚定的无神论者"只占5%，尽管有总数为28%的人自称为"不信教的"。[2] 在美国，信教人数的比例更高。这些统计数据当然可以做不同的解释。对有些人来说，这些数据并不会证明基督教当下衰落的总格局是伪命题。因为在他们看来，更为重要的、更少的上教堂做礼拜的人数证明了基督教的衰落。他们会论证说，人们所理解的基督徒身份或信仰上帝是如此模糊的概念，以至于没有什么意义。当人们做出关于信仰的评论时，其意图仅在于说明，他们是善良、体面的人这种意思。对其他人来说，这些数据是基督教继续存在的明证。他们争辩说，对上帝的继续信仰要求有种解释。说宗教日渐式微是忽略了整个局势中一个非常重要的部分。格雷斯·大卫教授曾论证说，这些统计数据表明，人们还有宗教信仰，但是他们不愿意归属某个教会。无论人们宁愿选择这许多解释中的哪一种，困难仍然存在。当我们试图描绘当代世俗西方社会时，我们必须考虑到一个持续存在的宗教信仰。

我在本书中非常笼统的论点就是，世俗主义并非基督教的终结，也不是西方不信神的本质的一个表征。相反，我们应该把世俗主义想成基督教宗教最新的表达。这一新基督教将会是什么形式？世俗主义就是剥去教义的基督教伦理。它是行善的持续承诺，被从传统的基督教词语加以理解，同时又没有对教会学说专门术语的关注。相反，想当善人、做善事的欲望被一种对上帝概念的同情感所支撑。在西方世俗社会中，我们谈论善行，而且总的来说，我们对邻人和困境中的人怀有慈善心。但在公众场合，我们不太谈论基督教。我们可以慷慨大方，关爱别人，但与此同时，不必要厘清赎罪学说的细节。西方的世俗主义是基督教的一种新表现，但它不是一目了然的，因为它缺乏我们通常与基督教联想起来的那些框架。

这样的论点不会取悦这样一类人，他们认为世俗主义是一种意识形态，深陷在与基督教的殊死搏斗中。这些世俗主义者处在一个两极分化的世界中：信教的他们和世俗的我们，必须与基督教斗个你死我活。教会是个强势的敌人。它欺诈成性，诡计多端，为了维护它在社会上的精英地位，可以不择手段。那些阅读本书，希望它颂扬过去那些高尚地捍卫自由思想和科学理性的世俗主义者的读者会失望的。然而本书也并不给教会提供太多慰藉。书中并不把世俗主义描画成万恶不赦的角色。世俗主义并没有腐蚀西方社会，把人民引离唯一的真正上帝，陷入放纵和颓废的虚假曙光中。世俗主义并非众多罪孽之一，诸如物质主义、消费主义和个人主义，这些主义证明了西方变得多么腐败。事实上，在整本书中，我都挑战了教会与俗世的鲜明划分，而世俗主义的概念则预设这种分别。这种区分根本无济于事，而且毫无意义。

把西方说成是世俗社会，这是老生常谈了。宗教领袖、新闻记者、社会学家、政治家和大部分对西方的宗教和文化身份一时感兴趣的人，无论他们是在西方的边境之内或之外，都想当然地认为西方是世俗化的。当然，人们也注意到一些例外。少数族裔群体，尤其是移民社团，都被承认有很强的宗教身份。但这些例外之所以是例外，乃因为西方就是世俗的这个假设。当把西方描述成世俗化的时候，就意味着三样事情。第一样被称作世俗化主题，其论点是认为体制化的基督教正在衰落。每周日上教堂的人数下降，教会成员人数也在下降。当人们想结婚、为孩子施洗或埋葬亲人的时候，很少有人去找教会。伴随着统计数字下降的是教会社会地位的丧失。人们很少把教会领袖当作有权威的公众声音去咨询。即使有人咨询他们，谈的也是一个有局限的话题：个人道德。因此，人们咨询主教的话题都是关于堕胎、离婚或同性伴侣关系等。教会领袖们想谈的是贫困、伊拉克战争、巴以冲突或刑事惩罚政策，但不管他们会感到多么沮丧，媒体总是就一些私人行为咨询教会领袖。研究表明，教会衰落的模式在每个西方国家各有不同。法国与意大利不同，瑞典与波兰不同，而美国的情形则属例外，需要特别解释。但人们普遍认为教会行将就木。社会学家和历史学家争论教会衰落的时间和原因，但这些讨论并不影响总的格局。教会作为一种体制正在分崩离析。

把西方说成是世俗化的第二种办法，就是谈论公共论坛的世俗主义。我说的公共论坛指的就是在媒体上、学校里和大学中经常发生的讨论和辩论，也泛指人们在工作场所和家庭中的辩论。这些辩论都是基于世俗化的假设。因此，人们往往把宗教当作私人见解而非公共真理来对待。宗教信仰缺乏自然科学和社会科学那种知性的可信度，在私人信仰中，有一种被允许的相对主义。声称一种宗教信仰"对我来说是

6

真的"，就足以使其得到承认，认为它在某个方面是有实效的。但这种方法不适用于诸如科学陈述等公有真理。万有引力定律是一种私人见解的问题，而不是在科学上被接受的公共真理，在西方社会中这种观念被斥为无稽之谈。更具争论性的无稽之谈，就是认为地球和所有活的生物都是在六天之内被创造出来的想法。后者可以是某种私人信仰的问题，但在媒体中广为接受的正常观点则是某种形式的进化论。私人宗教信仰和公共真理与理性之间的区分，导致神学被逐出媒体，除了在前述少数几种情形中，神学还得以苟存。相反，公共讨论都是被科学所主宰。如果有技术进步、医学创新或者医疗福利，那么占主导地位的科学声音都来自自然科学。如果话题与社会相关，那么社会学、经济学或政治学的声音就占主导地位。即使被讨论的话题有明显的宗教方面的关联，情况也是如此。社会科学专门知识的主导地位的一个颇有意味的例证，就是对2005年7月7日伦敦地铁爆炸案的主犯个人生平的反应。该团体中年纪最大的一个罪犯穆罕默德·西迪克·汗（Mohammad Sidique Khan）已婚，在当地一家小学和社区中心工作。据报道，他没有公开表达过有争议的宗教或政治观点。这样，他看起来似乎融入了社会。这就使得媒体在找出他卷入爆炸案的动机时百思不得其解。社会学的推理不能为他的行动提供一个原因，除非假定他融入社会的表象本身就是一种欺骗。神学理由本身也被认为不足以成为他政治孤立和随后的极端暴力行为的充足起因。人们不会期待关于汗的生平的一份报告会从讨论他的神学开始，因为直到他参与爆炸案时为止，这是个私人问题。这个案例说明的是，我们的公共讨论在多大程度上已经是世俗化的了。公共讨论基于把宗教和神学问题局限在私人领域之内的假设，而大家共有的公共真理却是科学性的。这种动向背后的理由往往被归为来自文艺复兴和启蒙运动的自由主义哲学和现代科学方法。颇有反讽意味的是，西方重要的自由主义和科学思想家自己往往是忠实的基督徒，他们削弱了中世纪基督教的知性力量。

6 　　西方被说成是世俗化的第三个方面，就是通过宗教团体的一些批判评论。他们不仅指教会而且更重要的是指穆斯林神学家和领袖。西方的世俗主义使它成为全球宗教趋势的例外。把西方称作世俗化的，就是要做一个部分的比较评判。基督教非洲、拉丁美洲和东南亚许多国家是一股强大的文化和政治势力。此外，基督教在这些国家里正在增长，而不是萎缩，尽管其形式与西方有明显的不同。在其他非洲、亚洲和中东国家里。伊斯兰是一股强大的势力，它塑造着文化和政治的身份。在我们这份分析中有意思的就是，从这些宗教群体中来的主要评论者，无论他们是非洲基督徒还是中东穆斯林，都对西方有共同的批判。那些谴责西方的社会和文化行为的人，把各种批评捆绑在一起。这些批评在其最极端的方面包括：西方世俗主义、军国主义、帝国主义的资本主义、消费主义、个人道德败坏、色情文学、不顾家人，尤其是不孝敬长辈、过度的令人恶心的自由主义、个人主义和物质主义。并非所有的评论者都同样谴责西方社会的所有方面，那些谴责西方的人也并不全部来自其边境之外。西方的一些基督教领袖和更保守的神学家也都对西方的自由主义和世俗主义持批判态度。然而，宗教评论家们怀着不同程度的恶意，把西方描绘成世俗化的，这可不被认为是一件好事。

在随后两章中，我将更详细地调查关于西方世俗主义的这三幅图景。需要注意的就是，把西方描绘成世俗化的那些人形形色色，各不相同。在任何对社会与文化、对基督教和全球政治关系的研究中，把西方称为世俗化的是一种常见的共享信念。正是这种描述的想当然和老生常谈的本质使得世俗主义成为调研的一个重要主题。然而，这种描述远非毫无问题。

对当代世俗主义的研究就是对西方社会里宗教和文化身份的研究。对于想进行这种调查的学者来说，有几种选项可供选择。他们可以使用社会学工具，而且许多人都非常行之有效地办到了；或者也可以运用文化理论或历史分析。这些都是探索这个主题的非常有效的方法，而且许多知名学者都成功地用过。我在本书中的意图是非常广泛的。我希望展开一个特殊的论点，它解释西方社会中的世俗主义。因此，方方面面的不同将会用于这项研究中，包括社会学分析、历史考证、文化理论以及重要的神学研究。在通篇研究中，这一点会变得很清楚：我是怎样依靠各个领域中顶尖学者的成就的。通过把这项研究的各个方面的成果汇拢在一起，我希望描绘出一幅西方世俗和宗教身份的精准图景。

　　我的论点有四个中心思想。它们是：（ⅰ）基督教一直是拥有变动不居的、演变的身份的宗教——它有一种变换外形的历史；（ⅱ）中世纪基督教发挥作用的方式与当代西方宗教非常相似——相似之处与差异之处同样显著。（ⅲ）启蒙运动时期，主要的知性和文化事件就是基督教伦理与基督教教义的分离——遗留下来的就是以基督教方式践行的伦理；（ⅳ）维多利亚时代是宗教活动的一个特殊时期——它绝不是教会的一个正常时期。我将在下文更详细地解释这四个思想的意思。它们是回应人们对通常讲述的世俗化兴起的故事而构思出来的。这始于这样一个前提：我们可以轻而易举地辨识出基督教实际上是什么，即我们知道不该再信什么；如果世俗主义不是基督教信仰，那么应该理解人们不再相信的这种基督教信仰是什么。

　　世俗主义兴起的历史讲述以中世纪为滥觞。中世纪被看作是基督教的黄金时代，那时人人都信教，都上教堂。就是从这个位置上基督教开始衰落，社会变得世俗化了。基督教的衰落的解释从启蒙时期开始。在这一时期里，无神论和反教权主义作为严肃的、知性的、社会的和文化的势力兴起了。理性与科学的到来把宗教排挤出了公共领域，进入个人见解的领域。统计数据证实了基督教的衰落。最早的重要数据来自维多利亚时期。所有重要的统计方法都表明，与19世纪相比，20世纪是一个信徒人数下降的时期。我的论点将逐一挑战世俗主义传统讲述的这些方面。基督教正在变化，而且经常是极为快速地变化，并且没有永恒的、静止的核心。

中世纪的宗教活动极为复杂，绝不是我们今天会认为的普世信仰基督教和任何意义上的虔敬。事实上，它令人惊讶地与当代宗教行为相似。在启蒙运动时期宗教的地位有了转移。所发生的事情并非无神论的胜利，反而是把对教义的关注移出了公众论坛。与此同时，在传统基督教基础上践行的伦理仍然存在。

最后，自维多利亚时代以降，基督教呈现出制度性式微，但是要从19世纪很高的宗教活动水平上来理解上述现象。数据所显示的并非基督教的衰落，而是信教回归正常状态，类似于中世纪发生的事情，后来在维多利亚时期达到惊人的高水平后，基督教回归常态。这些历史过程的后果就是可以称为"伦理社会"的现象。这是一种有持续的宗教认同的社会，在某些方面与中世纪非常相似，对上帝的概念有一种特殊的同情，这个上帝是以模糊的基督教术语所构想的，对伦理问题有一种压倒一切的关注。这个社会所践行的伦理是建立在基督教前提之上的。这样一个社会自然就是当代西方社会，就是我们所谓世俗化的社会。这种描述是否长期适用，尚存疑问，教会对其信仰的新表现做出反应的能力同样存疑。然而，在讨论这些问题之前，需要更详细地审视那四个中心思想。

第一个观点是，基督教始终具有一种动态的、变化着的身份。我们现在所想到的基督教，跟中世纪或者这一信仰初次到达北欧时被称作基督教的并非一回事。基督教身份问题是由传教引起的问题。就是在基督教传播，跨越国境时，它

9

经历了变化。基督教所进入的社会和文化环境影响了它的信仰和实践。这就提出了一些重要的问题。这个信仰中的什么成分属于具体的当地语境，在不同的语境中可以抛弃掉，什么成分是永恒的？在基督教内部的什么成分对于这一宗教的完整性和身份是至关紧要的？你必须承认复活，或拥有基督是主的信念，或加入一个有三级教阶——主教、教士和助祭的教会吗？大部分基督徒都想坚持必须有一个信仰来赋予其身份，尽管这个核心是什么，他们意见不一。那些赞成有一个重要核心的人面对的问题是语言和意义的问题。如果基督教信仰有一个必不可少的核心，这个核心有一种非历史的、静止的和可察觉的意义，那么就需要有一种方法，可以来谈论这个核心，能被当地人所理解。这种方法就是语境。它能提供必要的文化和语言工具来理解这些核心信仰和价值。不使用当地的语言，你就无法谈清楚基督教信仰的重要核心，并被理解。当地语言意义丰富，是因为它所运作于其中的社会和文化语境。因此，把重要核心与当地语境分割开是不可能的，因为不用当地语言，就无法谈论核心信念，也没人能听懂。不可能把非历史的、超验的东西与它直接的当地表达分割开来。这个语言学问题的后果就是，当本土的文化框架改变了之后，赋予基督教其身份的核心元素也随之改变。基督教身份是变动不居的，因为无论何时，它进入一个新的语境，就会发生改变。我们将在第四章看到教会的历史反复证明这一点。在最佳境况下，每个在文化和历史上属于本土的教会，都会重新确立它的观点，说明基督教的核心价值观意味着什么。

　　同样成问题的是这个论点：基督教没有一个独立于文化和语言环境的核心身份。如果不可能辨识出我们意指什么，那我们还怎么谈论基督教以及相关联的世俗主义呢？任何自称为基督教的事物实际上就是基督教，这是不可能的。有太多形形色色、互相对立的声称，难以自圆其说。这并不意味着个人或教会不清楚基督徒意味着什么，或者根据他们的神学，基督教的要义是什么。相反，之所以会产生困惑，乃因为互相竞争和冲突的神学之间没有一致的看法。也许更重要的就是，在对基督教的完整性作出决断的问题上，没有一致的意见。自由派和福音派基督徒在人类性行为问题上的分歧，就是这一点的一个当代例证。这场讨论植根于圣经权威和解释中争论不休的问题，而这只是一座大冰山的一角。

　　当前，基督教认同的两难困境是普世的。普世教会运动是这样一个场所：教会竭力要解决各个基督教派如何和平共处，同时又不会毁灭性地追求神学或教会权力与控制的问题。各教会若不是被一个可以称作神学上的权力意志所主宰，如何生存下去呢？对有些人来说，提出正统和异端的问题，本身就是一种根本性谬误的证据。神学的任务就是要确立自己教派的基督教传统乃正宗传承，通常是经由引证圣经出处来办到的。对于更自由派的神学家来说，另一种立场就是把讨论转向程序和过程的问题。基督教认同就在于乐意跟那些意见不一致的人和平共处。人们业已承认，在内容问题上达成一致是不可能的。这就意味着，对于那些希望与持不

13

同教义的人和平共处、自由交流的人来说，各教会的融洽相处是一个方法上的难题。在第四章中我将深入审视这些问题。

我要审视的第二个思想是这一观念：中世纪基督教的运作方法与当代西方宗教非常相似。在第五和第六章中，我将审视中世纪基督教的一些问题，比如上教堂做礼拜，日常生活中超自然因素的重要性以及基督教信仰的范围。支撑这两章的假设是，在某种意义上，人在本质上是信教的，他们在日常生活中表达出来的宗教，不管在他们生活的中世纪还是今天的西方，都是类似的。

我们所有的关于中世纪宗教活动的证据是不完整的。关于中世纪宗教生活所得出的许多结论依赖于难以解读和阐释的一些原始文献。我们手头没有统计数据或者社会学上的细节，可以构成我们对19和20世纪基督教的实践和信仰的理解。我们确实有的仅仅是一些历史档案，它们揭示了中世纪人如何行事的一些例证。历史学家接下来必须尽其所能地弄明白这些证据。为了达到这个目的，他们构想出了关于教会、基督教和社会的历史，目前主导历史描述的叙事把现存的历史数据纳入考量。现实的历史档案中占多数的叙事，就是中世纪的基督教信仰和实践层次甚高，跟当代西方社会的宗教层次相比较确实如此。在中世纪，基督教信仰，尤其是对超自然事物的信仰，是唯一可信的知性理念。上教堂是一种常见的如果不说是相当普遍的活动。教会领袖发挥了政治和社会的影响力，尤其是通过革除教籍这种手段。跟西方世

俗社会对比再明显不过了。因此所发生的事情就是，基督教
信仰和实践自从中世纪鼎盛时期以来确实衰落了。

　　构成这一中世纪宗教信仰和实践的历史的就是这个假
设：在中世纪的社会中，每个人都是宗教积极分子。在中世
纪里若不积极信教，就是异端。而异端的后果就是被革除教
籍，以及被排除在社会和政治之外，或者更糟。但这样一种
情形似乎不可能发生。它暗示着在中世纪和现代之间人类意
识和行为发生了巨大的转向。当然，有人论证说启蒙运动就
是这种转向。在启蒙运动时期，智力氛围从神学转向理性、
科学和技术了。超自然的事物不再是一个有效的解释工具，
这就证明人们的心态改变了。这一论点的难处就在于现有的
社会学数据并不支持它。当代西方社会的大部分人仍然相信
上帝——无论他们所说的上帝意味着什么——并且自认为是
基督徒。他们没有放弃超自然的事物，也没有像世俗化主题
的主要倡导者史蒂夫·布鲁斯教授所指出的那样，以非常理
性的方式来思考和行事：

　　　　知识增多和日益成熟不能解释宗教的式微。有太
　　多的例子说明现代人会相信最可怕的谬说，以致难以设
　　想人们从一套信仰转到另一套信仰，仅仅因为第二套信
　　仰是更好的想法。人类能够坚信一些最终不是真实的事
　　物，这种历史就说明，某种事物是否真实，是否被广泛
　　接受，是两个截然不同的问题。[4]

布鲁斯在他的书中继续问道，可以提供什么社会学的理由来解释基督教信仰的衰落。我在下一章的讨论中将探索这个问题。然而，在关于基督教衰落的问题之先，可以再提出一个问题，即，衰落是最精确、最有价值或信息量最大的分析，能帮助我们解释当代宗教状况和描述历史数据吗？

另一种可选的叙述，就是论证中世纪宗教行为事实上跟当代西方宗教行为非常相似。70%多的人声称有某种基督教身份，并且对上帝的概念表达某种模棱两可的支持。中世纪基督教也是同样的。少数人对他们的基督教信仰是认真的，同时大多数人只是隐约表示支持。他们不想把基督教当作生活的中心，但他们也不想挑战或者放弃基督教。不管是在当代还是在中世纪，多数人都懂得，做基督徒就是分享对教会的信仰和价值观的一种泛泛的同情。对教会价值观的同情中一个重要的成分是看到教会是伦理保守主义的一股力量。教会的作用过去是、现在仍然是通过倡导保守的伦理行为，尤其是强调个人道德，来保护熟悉的社会结构。一个人不必遵从教会的道德教诲，而对教会的存在并且履行了一种保守的社会职能而感到高兴。

少数人积极参与宗教活动，大多数人支持。这个概念把西欧与世界其他地区连接起来。西欧宗教衰落的叙事同时也是它的宗教例外论的故事。[5]西欧之外的国家，美国是最有争议的个案，似乎都居住着大量的宗教积极分子。教会衰落的社会学叙事，不得不解释是哪些因素使得西欧人在本质上与世界其他地区不同，而且使得情况更混乱的是，在参加教会活动方面，其内部又是这么大的变化。⁶少数人积极信教、多数人默默支持的叙事从这一简单的概念开始：人们普遍且本质上都是一样的。他们当然会受到社会和文化因素的影响。但是这些因素不会产生出一种新型的、以前未被承认的信教的人（homo religio）和不信教的人（homo non-religio）。相反，社会学因素所解释的就是少数人积极信教和多数人的支持之间的平衡，也就是说，多数人到底有多少，少数人的宗教生活有多充实。社会学因素也会解释存在于世界各处的默从的多数人的支持，而审视中世纪时期的证据之后，也可以解释历史上不同时期、不同类型的多数支持。相对于企图解释为什么西欧的一些国家格外世俗化，这倒是一个困难小得多、不那么雄心勃勃的任务。然而，它还是未能解决启蒙运动时发生了什么这个问题。

　　除了在上古时期某些偶尔出现的人物之外，世俗主义的传统英雄都生活在18世纪启蒙运动期间或之后。正是在启蒙时期，科学与理性开始了反对宗教的谬说和迷信的战斗。根据年代久远的历史记载，启蒙时期一切都改变了：宗教开始衰落，而世俗主义，尤其是无神论，登上了舞台中心。然而这个版本的历史却存在两个问题。首先，无神论在西方从来只得到微弱的支持。其次，基督教并没有被逐出公共领域。实际发生的事情是，教义不再是主要关注的一个话题，但是伦理，在此指的是基督教伦理，却继续主宰着公共讨论。因此，这就是构成本书的第三个思想：在启蒙运动时期，实际发生的事件不是无神论的成功或哪怕是它的开端，而是基督教从一种正统教义的宗教被公开改造为一种伦理学的宗教。

当代西方世俗社会的一个特征是无神论的失败。那些自认为是无神论者的人或者属于诸如世俗协会或者美国人文主义者协会这样一些组织的人为数极少。1999/2000年《欧洲价值观研究》报道，平均只有5%的欧洲人自认为是无神论者。拥有最高无神论者人数的国家是法国，占15%（唯一一个无神论者人数占10%以上的国家），而同时许多其他国家，如英国、奥地利、意大利、希腊、芬兰和俄罗斯所报道的无神论人数都只占5%或更少。[7]这意味着什么就很清楚了。在西方，人们并没有从基督教转向无神论。只有为数微不足道的人宣称不信上帝。然而自相矛盾的是，这并不意味着人们认为自己虔信宗教。在同一份调查中，54%的英国人和类似比例的瑞典人（7%的瑞典人自称为无神论者）声称他们并不是虔信宗教的人。在诸如德国、西班牙与荷兰等国家，这一比例跌落至30%左右，而在其他许多欧洲国家，这一比例更低，平均为28%。我们再次碰到的问题就是，当受试者给出这些答案时，我们并不清楚他们意味着什么。相对于那些信上帝、自认为是基督徒的善男信女，这些受试者也许并不是说自己是坏人。他们很可能意味着，他们并不死忠于一种体制化的宗教表达，即使他们确实自认为是基督徒。但这只是揣测而已。证据中显而易见的就是，无论启蒙运动时期发生了什么，都不是无神论走向一个不信神的西方社会那义无反顾之行军的开端。从现有的统计证据来看，事情几乎相反；在启蒙运动之后，人们至少跟以前同样甚或更大程度地肯定

18

对上帝的信仰。

如果启蒙运动的一个特征是无神论持续的失败，那么它的第二个特征是基督教持续的重要性。有几位政治理论家和哲学家论证说，启蒙的伦理学是建立在基督教信仰之上的。[8]从历史上来说，这是个事实。个人价值和尊严的观念、共享的公共理性、人类社会通过历史的进步，以及人类探究这个世界的能力，这一切都可以追溯到基督教神学的源头。在某些情况中，自由主义意识形态和自然科学的奠基人物都明白无误地承认他们思想的基督教神学基础。约翰·洛克是一个被研究得很透彻的例子。在其他例子中，一种无处不在的基督教框架塑造了启蒙时期兴起的思想。个人主义和人权就是经典的例子，说明在哪些方面基督教为公众思想提供了厚实的伦理基础。还有其他一些启蒙思想家并没有预料到他们的思想与他们的基督教信念之间会有冲突；本书屡次以伊曼纽尔·康德为例。可以认为，尽管启蒙时期某些自由派和科学思想都起源于基督教，但它们现在已经走得这么远，很难说它们是基督教的了。启蒙开始了一个嬗变的过程，基督教的观念经由这个过程逐渐与它们的神学起源分离，达到了这样一个点上，以至于它们不再被称为基督教的了。对这一问题的任何答复，都会把我们带回到基督教认同这个很有争议的领域去。这将取决于什么可以算作基督教、什么不可以算作基督教这个问题何时能够得到一劳永逸的解答。显然，我曾经指出，基督教认同变动不居，十分灵活，能够适应这里所提到的那些转变。尽管这么说，很清楚的就是，启蒙时期确

16

实发生了一些变化。我们并不是生活在跟中世纪一样的神学文化中。

那么启蒙时期发生了什么变化呢？要回答这个问题，我们必须看出在启蒙运动之后公众辩论中缺失了什么。答案就是"教义"。尽管当代伦理学中有基督教的遗产，但平心而论，西方社会中的公众讨论并未受到神学的影响。教会关于上帝本质、基督学、教会学、《圣经》、救世神学、救世历史和圣灵论的辩论，社会学家、政治理论家、经济学家、哲学家或文化理论家对这些一概不予关注。如果公众对教会的学说有明显的兴趣，通常也都是环绕着个人性道德的一些问题，诸如同性关系、堕胎、离婚和再婚等等。这种教义的缺席对我们的历史而言意味着，如果公共伦理是被基督教遗产塑造的，那么在西方历史的某个时刻，伦理学就与教义问题分道扬镳了。讨论一种源自基督教信仰的伦理学，同时又不讨论这些信仰的教义起源和含义，现在已成为可能。分道扬镳的时间点就是启蒙运动。从教会的观点来看，西方社会中的传教任务之一，就是决定在多大程度上把伦理学和教义重新连接起来是必须的或重要的。这并不意味着教会应该试图把西方的伦理话语当作自己的专利重新索要回来。相反，这可能意味着教会必须根据其无法控制的伦理学的发展，重新打造其教义。

我们要审视的第四也是最后一个思想声称，维多利亚朝是宗教信仰和实践格外高涨的时期。这对我们解释当代社会学何以被教会衰落说所主宰，是十分重要的。行文至此，我已经提出过中世纪时期的宗教活动跟我们时代的宗教活动非常相似，即少数人积极活动，多数人支持的模式。启蒙运动把基督教教义从公众话语中移除，但没有把它从一种可辨认的基督教伦理中移除。那么问题就如下所述：假如我们的分析是正确的，那我们又怎么解释社会学家中的一致意见，即无论从任何角度来看，教会都已经衰落了。衰落的看法似乎会挑战我到目前为止所展示的历史。对这个问题的答复是双重的。

衰落的看法是一个相对的看法。衰落必须是从一个状态转入另一个状态。这句话的意思是，可能有衰落，但这种衰落不一定非得是一切都结束了。它指的仅仅是，在经过一段格外高涨之后，局势正在回归正常。衰落可能指的是回归正常稳定水平。这就是基督教所碰到的状况。从维多利亚时期至今的衰落是一种衰落，但这是从一种格外高的水平降落到一种更正常的水平。维多利亚时代人们那格外高的宗教活动水平强化了这一概念：当代基督教处在衰落中。社会学家们一致同意，如果用维多利亚时代来衡量，那么教会成员人数、上教堂人数和对教会的支持率确实下降了。1851年霍拉斯·曼的全国宗教礼拜人口被采纳为基准。史蒂夫·布鲁斯提出，"1851年的礼拜人口普查的那个周日，英国人有三分之一左右上教堂"。有些人把这个数目定得更高，接近全国人口的40%—50%。到了20世纪80年代，这个数字降落到了"苏格兰人口的17%，威尔士人口的13%，英国人口的9%"。[9]其他指标，例如教士人数和教会成员人数，也显示出同样的

18

衰落格局。值得注意的是，即使在巅峰时期，上教堂做礼拜也不是普遍的行为。但这不是强化衰落看法的指标。相反，对教会日益减少的支持的明显和戏剧性的指标，意味着衰落的假设获得了无可置疑的地位。事实上，正如布鲁斯所指出，社会学家和社会历史学家的主要争论是关于衰落的时间和原因，而不是衰落是否存在。

19世纪是上教堂人数和支持教会格外高水平的一个独特时期。维多利亚世纪是任何世纪都不能比拟的一个基督教世纪。这是一个积极参与教会活动和默从支持教会的人数几乎平分秋色的时代。教会激进主义传播范围如此之广，意味着公众话语中充满着基督教思想和术语。但维多利亚时期是一个例外。它不是衡量当代宗教信仰和实践的标准。此外，正因为它特殊，才使人们质疑当代教会衰落的想法。衰落的说法完全不适用于当代教会。更好的说法是回归。在维多利亚朝代人们的极端主义之后，教会已经回归了类似于中世纪的那种正常的宗教信仰和行为。这对各教会来说，不一定是什么慰藉，因为他们要为一整套机构提供资金，这取决于教会成员人数的高基准。当代宗教行为并不是对教会实践的谴责，教会并没有因消除这一疑虑而获益。它确实办到的就是，它使得维多利亚时代而不是我们自己时代和地域，成为需要解释的一种怪象。与维多利亚时代的人相比，我们也许更不那么像基督徒，但他们比任何人都更具有基督徒的特征。

我在这一长篇导论中勾勒了将会引领这项研究的叙事。

这样做是必要的。因为这不是一个简单的有开端、中间和结尾的历史。相反，我在运用历史、还有社会分析以及文化理论来理解当代西方世俗主义的本质。我的目的是使它既有普遍性，也是争议性和分析性的。对我提出的四个中心思想的讨论构成了这本世俗主义历史的基础。我在基督教上如此大费笔墨，似乎对世俗意识形态的独特性和完整性有所损害。这是一个危险。然而，我专注于把当代信仰的悖论性本质刻画为既是基督教的、也是世俗的，就不仅承认了这两套思想体系的共有历史，也承认了对于理解西方身份来说，两者共同的重要性。我们不可能把西方社会描写成世俗化的，同时又不忽略在进行调研中常常发现的重要宗教指标。然而，我们也不能仅仅把西方描绘成基督教的。实际情形要复杂得多。要通过这样一个叙事来理解西方社会的认同：它承认世俗意识形态和基督教神学那盘根错节的脉络，只有这样我们才能写出一部厘清我们当代宗教、文化与哲学全景的历史。

第二章 科学：新技术

20　　本书的目的是要深化我们对西方世俗社会宗教和文化认同的理解。当我们开始这项研究时，一个明显的问题就产生了：业已存在的对世俗主义的历史叙述问题何在？本章和下一章将讨论这个问题。

　　世俗主义的历史是从两个观点之一讲述的。一种方法是把世俗主义的故事当作社会历史来讲述。世俗主义与现代社会共同出现。现代社会的状况，例如城市化、宗教多元主义和社会碎片化都对宗教的生存不利。基督教之所以衰落是因为它无法适应现代生活。我们将在下一章中审视这种讲述。第二种观点是说世俗主义赢得了思想的战斗。世俗主义之所以出现和发展，是因为它在智性上高于基督教，因此说服了更多的人接受它的真理。特别是科学，作为解释世界如何运行的一种方法，把基督教神学边缘化了。达尔文的进化论和大爆炸理论比《创世记》中所讲述的创世故事在智力上具有更大可信度。世俗主义和宗教的智力冲突将会是本章的主题。

这一探讨以对世俗主义兴起的传统讲述的批判性审视开始。这些讲述都有一个主要问题。尽管科学取得了胜利，宗教却没有随之消失。美国就是这一难题的很好的例子。美国是世界上科学最发达的国家，然而宗教在那里仍然是一个重要的、势力强大的社会、文化和政治力量。有相当多受尊敬的科学家同时也是基督徒，为科学与宗教的兼容性提供了更进一步的例子。一部聚焦于思想斗争的世俗化历史，尤其是科学和基督教之间的思想斗争，必须解释为什么科学胜利之后，宗教仍然存在。我们将会颇为吃惊地看到，竟然是西格蒙德·弗洛伊德为我们解开这个难题提供了线索。他分析了科学是如何接管了宗教的技术职能的。然而，也很明显的就是，宗教具有一种关键的伦理功能，科学没有准备好来接管它。因此西方社会在技术上是科学的，但在伦理上仍然是基督教的。这会引导我们去探索这个观念，应该认为西方社会是"伦理社会"。

世俗主义兴起的传统解释

假如说世俗主义有一个创立之父，则非阿纳克萨戈拉（Anaxagoras）莫属。公元前约500年阿纳克萨戈拉出生于爱奥尼亚（Ionia）[1]的克拉佐美尼城（Clazomenae）。他受统治者伯里克利（Pericles）的邀请赴雅典，是教化雅典人的一个项目的成员。人们把向雅典人推介哲学的功劳归于他。他属于爱奥尼亚的科学与理性传统，据信是他首先提出心灵可能

25

是物理变化的起因。柏拉图和亚里士多德都提到他的著作。22 他在世俗化圈子里的声誉来自他关于太阳和月亮的论述。由于伯里克利年事渐高，在政治上变得更软弱，他的反对派开始攻击他。这也招致对他的同盟者的攻击。雅典人显然受够了谆谆教诲，就出台了新的法律，根据新法，阿纳克萨戈拉被指控宣扬异端邪说。阿纳克萨戈拉的学说就是，太阳并不是日复一日驱车穿越天空的神祇太阳神（Helios），实际上只是一块炽热的燃烧着的石头。他还提出，月亮是由土块构成的，并且反射太阳光。因为这些不虔敬的思想，阿纳克萨戈拉受到指控。阿纳克萨戈拉被起诉之后遭遇如何，尚不得而知，除了知道他也许得到伯里克利帮助，逃离了雅典，回到爱奥尼亚。他在那里创立了一所学校。

阿纳克萨戈拉凭什么有资格获得祖师的地位？首先，他拒绝了对太阳和月亮的超自然解释，并代之以唯物的、自然的原因。靠现代定义他能否称为科学家还可存疑。然而，在世俗化历史中给予他一席之地的就是他拒斥任何彼岸世界的神话。其次，因为他的科学思想，他被宗教当局迫害。他若殉道了也许反而会更好，但即使缺了这一理想结局（除了阿纳克萨戈拉之外）他为未来即将发生的事提供了一个很好的先例。西方世俗化和人文主义协会所表述的历史和当代世俗主义的一个特征，就是他们时刻受到保守的宗教势力的威胁。阿纳克萨戈拉的遭遇后来伽利略、再后来达尔文也同样遭受过。

阿纳克萨戈拉的例子很有帮助，因为它说明了我们试图

26

界定世俗主义时一般的意义是什么。世俗主义是一种对世界和人生的思考方式，它并不涉及超验信仰。显而易见，它使得对宗教信仰的摒弃成为必要。应该不必参照可以被人在此刻知晓的任何事物来审视、反思和研究这个世界以及我们在其中的生活。这是一种生活方式或对人生的解释，它只指涉自然秩序，从不提及超级自然之物。[2] 世俗主义的传统历史 23 寻求解答的问题是：我们是怎样从一个被宗教信仰所主宰的世界来到了世俗主义的，尤其是科学，是理解人生的最重要手段的世界？

尽管有诸如阿纳克萨戈拉这样的人物存在，世俗主义的真正故事是从黑暗时代之后开始的。它始于文艺复兴的最初萌芽和中世纪终结的开始。这是基督教的知识统治开始受到威胁的时刻。第一个对手是人文主义。对于新人文主义者来说，可以不必求助于神来学习知识，追求智慧。人类可以互相学习，也可以向自然秩序学习。人们如果想扩充知识和智慧，可以平行地互相参照，也就是社会科学，或者往下看，也就是自然科学，而不必抬头看天堂。古典艺术、文学和哲学的发现，打开了一扇通向人文主义世界观的大门。其他因素把新的趋势向前推进。一个日益富足的中产阶级对商业和经济学的运作比对宗教更感兴趣。民族主义的兴起产生了情感上的另一个对手，而原先情感是偏向教会的。紧随文艺复兴之后来了新教改革。经济、政治和社会势力与神学论战合力，导致铁板一块的西方教会四分五裂。神学分歧之后是教会权威的沦丧。教会不再以一个声音说话。地方教会和教派互相冲突，常常诉诸暴力，从而削弱了每个教会可能发挥的影响力。宗教改革之后的宗教战争促使许多理智的人抛弃神，靠人类自己，为了人类，去选择不那么血腥地追求人的知识。这一切本身并不意味着在宗教改革时世俗主义是占主导地位的知性力量；它显然不是。但确实发生的事就是，各门科学的女王——基督教神学那无人质疑的崇高地位不复存在了。

24   稍后，科学来临了。它起初并不是对基督教的威胁。第一批伟大的科学家笛卡尔、开普勒、伽利略和牛顿都是信教者，他们没想到他们的思想最终会把上帝推出公共领域。但是随着18世纪的进展，启蒙运动的理性主义扎下了根，知性思想逐渐"转向有神论、怀疑主义，然后轻松地一步跨入无神论。因为一个不需要被用来解释当前世界的上帝也被认为不需要作为世界的'开创者'。"³ 浪漫主义时期、循道宗复兴、福音派运动和虔信主义的兴起无力阻止科学与理性的知识胜利。随着19世纪的前进，新的科学，例如生物学、地质学、人类学、天文学、优生学和心理学更进一步把宗教边缘化了。

两次大智识事件代表了科学和理性破坏基督教的能力。它们都发生在19世纪。第一个也是最著名的事件就是查尔斯·达尔文的《物种起源》的出版。其结果是，人类能够靠自己、为自己解释其起源。他们的解释与教会的讲述相冲突，若是他们愿意，可以不必提到神。假如创世需要一个原始推动者，那么他可以是上帝，但这样一个上帝几乎不是教会那种位格化的、肉身化的、行神迹的上帝。科学研究提出了证据，表明《创世记》中所载的创世历史是错的。教会权威相应减弱了。

知名度略小，但对教会同样构成问题的是《圣经》批评的来临。《旧约》中的主要章节被证明是更早原始资料的混合。故事、神话、传奇和格言集被编集起来，产生了基督教《圣经》中的各种讲述。人们相应地愈来愈认识到，神的启示中所发挥的作用。对《新约》的文本研究也揭示了类似的过程。最终会提出一些根本性的问题，如福音书中某些章节原先被当作历史事实，现在是否还应该这样看待。例如，神迹故事要视为真实的历史事实吗？耶稣是否说了归之于他名下的所有那些话？没有哪个单一的发现或理论摧毁了基督教的真理，但基督教的可信度被一点一点地侵蚀了。关于创世和启示，科学与理性似乎比教会知道得更多。卢弗斯·琼斯把四个世纪中人类思考的转变概述如下：教会原先有"神启"的经文、"古老信条"、教士和"神秘的圣事"，所以给"人的心灵笼罩上一层魔咒，令人坚信，不听反对意见"。但是现在"没有什么能抵挡住事实、实证和实验证据的新权威"。[4]

教会与基督教受到来自各方的攻击。像伏尔泰这样的启蒙作家可以诙谐、尖锐地嘲笑法国教士阶层的虚骄和傲慢之气。同时，休谟对上帝存在的证据投去怀疑的目光。尼采宣称上帝已死，是被人类所杀，更致命的是，尼采鼓吹权力意志战胜基督教奴隶道德。费尔巴哈是影响马克思的关键人物，他提出上帝是人类所造的，而马克思自己则把宗教看作压迫者的朋友，给被压迫者的虚假安慰。弗洛伊德给基督教的棺材敲进了最后一枚钉子，他为宗教的产生提供了科学和心理学的解释。似乎当人类获得了良好的精神健康，完全长大成熟，那么就可以把宗教信仰像不再需要的幼儿玩具一样扔在一边。在文明的婴儿时期，宗教信仰给人类提供了帮助，但现在该把幼稚的东西束之高阁了。

有一种感觉，认为这种历史叙述的细节不必真实，故事本身就能令人信服。存在着一种印象，觉得世俗主义在知识上赢得了这场战斗。即便大多数人都没研究过马克思、弗洛伊德、费尔巴哈、达尔文或尼采，并且对他们的理论只有最 26 模糊的概念，情况也是如上所述。西方社会的一个方面，即它的世俗主义方面，就是在公众领域里，基督教神学不再是一切真理的源头。公共辩论、媒体和朋友同事间的谈话并不关涉到赎罪、意义深远的末世论或三位一体思想的新进展。相反，所涉及的是社会与自然科学。他们担心健康、刑事司法、环境和经济保障。西方社会是这样一个社会，以前公共领域里宗教所占的主宰地位不复存在了。但是，这是重要的一点：尽管基督教不再主宰着西方社会，它却并没有完全退场。基督教似乎变革应时，仍然维持着在西方社会中的重要性，同时又不是一家独大。

美国的文化战争

美国文化战争的例子阐明了我所论证的要点。苏珊·雅各比（Susan Jacoby）在她所著的美国世俗主义历史中，揭示了对世俗主义思考之重点的转移。⁵ 对我们来说，有意义的倒不是该书的内容，而是该书的写作动机，以及基督教仍然是美国社会中一股主要的政治与文化势力的观点。

杰克比书中的主要人物是罗伯特·英格索尔（Robert Ingersoll），著名的"不可知论者"。英格索尔是19世纪的公众演说家，他涉猎政治，后来以他那逗趣、引人入胜的对教会的攻击而闻名于世。英格索尔是一位（最终成为）长老会牧师的儿子，他周游美国做公众演讲，倡导用人文主义替代基督教。他寻求把人类从宗教的束缚中解放出来，并给他们描绘出一幅为了社会的利益、人类自由追求一种理性的生活方式的愿景。对英格索尔来说，宗教就是一座监狱，把人囚禁在迷信中，阻碍他们实现自己的真实本性。杰克比从他的一次演讲中引用了一段话：

> 我们在为未来的宏伟圣殿奠基——不是诸神的圣殿，而是全人类的圣殿——在那里经由恰当的礼仪，我们将庆祝人性宗教。我们在竭尽绵薄之力，加快那一天的到来，那时社会将不再产生百万富翁和乞丐——朱门酒肉臭，路有冻死骨。真理鹑衣百结，迷信黄袍加身。我们展望那一时刻，有用者将会尊贵，理性将坐上世人头脑中的宝座，成为万王之王，万神之神。⁶

这段演说辞藻华丽，本义反而有点不清了。然而，很明显的就是，其意图是要高扬赞美从宗教信仰下解放出来的人性潜能。要旨就是对宗教弊端的攻击。

雅各比本人阐明了这种重点的转移。她这部史书的目的是要使美国公众想起他们光荣的人文主义遗产，是书名那毫无歧义的自由思想。这样做之所以有必要，是因为基督教右翼对基本自由的重大威胁。杰克比在充斥着美国政治的文化战争中拿起了武器。她担忧基督教右翼掐住了共和党的咽喉。民主党总统候选人阿尔·戈尔（Al Gore）在2000年的总统竞选中曾说，在做出重大的总统决策之前，他要自问："耶稣会怎么做？"杰克比对此感到绝望。她相信，当最重要的、根本性的政教分离原则正在遭到逐渐侵蚀的时候，美国公众却沉睡不醒。事实上，这种沾沾自喜的感觉，这种未经细察的假设，即"宗教本身是自始终必须是对社会的良性影响"，就是"极端保守的少数人成功的必不可少的条件"。雅各比的使命是唤醒美国公众，使其意识到死灰复燃的宗教影响和势力的种种危险。雅各比那报复性武器库中的一个重要武器把教会与社会保守主义等同起来，把人文主义与社会改革相提并论。人们经常提到一个例子就是女权主义运动的兴起。诸如英格索尔之类的人文主义者一贯支持女权运动，而教会却维护现状。另一个例子是堕胎问题。事实上，唯一的例外就是人权运动以及黑人教会在支持平等权利方面所发挥的作用。雅各比论证说，教会通常抵制社会变革。

雅各比的著作证明了渗透着世俗主义的新优先论点。关于上帝存在的论点和理性与信仰的关系都被降级到人文主义关注问题的次要部分去了。诸如理查德·道金斯（Richard Dawkins）之类的作者希望终结公众对基督教的支持，尽管他们在媒体频频亮相，但对大众信仰却影响甚微。他们的问题都是昨日新闻，他们的争斗都是小打小闹。我这种话似乎出人意料。像进化论这种话题频频成为中心话题，科学家和基督徒围绕着它表达不同的意见。它占据了所有报纸的头条，尤其是在美国。学校成为战场。基督教团体争论说，达尔文的进化论不过是个理论而已。因此不该在学校里作为一个事实或比《创世记》叙事更高明的东西来讲授。他们指出，进化论的证据是不充分的，有缺陷的。往往令科学家懊恼的就是，他们引用那些赞同进化论的人的话来证明自己的信仰，包括达尔文本人的话。科学家们通常正确地宣称，他们被断章取义地引用，或只是在运用修辞来说明要点。支持进化论的人以理查德·道金斯为先锋，论证说科学证据压倒性地支持达尔文的分析。[7]因此，创世主义对决进化论的辩论，很显然是开始分析世俗科学和基督教冲突的地方。尤其是因为这是科学和基督教似乎发生直接冲突之点。

但是我们不会聚焦在这个问题上，因为大部分基督徒都很乐意接受达尔文的进化论。对西方基督徒来说，这不是一个信或不信的时刻。这也没有被看作是世俗主义者所面临的主要威胁。在19世纪，这是个严肃的公共问题，但自那时以来，基督教已经向前进展并且已经适应了这个问题和科学知识的许多其他进步。但我们并不否认，对美国的一些福音派基督教团体来说，这是一桩著名的讼案。他们竭力要把这个

29

问题弄成一个各州和全国的问题。然而，一些福音派基督徒有效的政治鼓动并不意味着创世主义是重要的，或者可以成为分析美国社会的一个明证。可以想象，地球起源的问题即使被解决，对上教堂的人数或基督教的知识可信度的影响也是微乎其微的。如果《创世记》被证明是正确的，大众也不可能开始蜂拥去教堂。同样，如果达尔文或者像道金斯这样的现代达尔文主义者最终被毫无疑问地证明是对的，现在属于教会的那些信徒也不可能会脸色发白，退出教会。在最重要的意义上，这是一个教育和宗教自由的问题，本身是一个很重要的问题，但对于科学和基督教的关系来说，它不是最重要的。

这个问题说到底是科学、理性和宗教之间的休战。世俗主义者更直接的担心是宗教在政治领域里的重新抬头。美国是最值得担心的理由。在美国，基督教是一个主要的社会政治势力。基督教显然并没有销声匿迹。

西欧的政治局势更为复杂。媒体的注意力更多是放在伊斯兰教上的。其争论可能包括在法国和英国戴面纱的问题，激进好战的僧侣煽动对以色列和美国的暴力和仇恨。伦敦和马德里的恐怖主义袭击清楚地表明，宗教信仰在西方是重要的。但这是来自西方的文化和知识遗产之外的宗教。这并不是说伊斯兰教不是西欧文化和宗教身份中现有的一部分。伊斯兰教在许多西欧国家——如西班牙和土耳其——的历史中，也占有重要的一席之地。此外，那些执行了伦敦恐袭的人，都是融入了英国社会的穆斯林。但是，这是个重要的区

34

别，西方的世俗主义历史就是西方与基督教的关系的历史。那些认为世俗主义篡夺了西方宗教的人，认为被取代的宗教是基督教，而不是伊斯兰教。未来我们很可能还要谈西方社会如何损害了西欧穆斯林生活中的伊斯兰教。但时机尚未到来。有意思的是，这是穆斯林学者提出的观点。阿扎姆·塔米米（Azzam Tamimi）指出，世俗主义是基督教社会的一个产物。他所谓"阿拉伯世俗主义"产生于非常不同的社会文化状况中。[8]

这就产生了一个问题：类似于美国文化战争的现象是否也在西欧发生？对这个问题的简单答复是"否"。堕胎、同性婚姻合法化和进化论在西欧的政治地位不如美国。西欧的政客们也不必像美国的候选人那样，必须明白无误地表明他们忠于基督教信仰。但是有迹象表明，有些西欧政客也想要强调基督教传统。这可能包括谈论把欧洲的基督教历史写进欧盟宪法草案中去，也可能包括例如英国国家党利用人们的身份担忧。后者辩论说，他们在倡导基督教价值观的时候，是在保护英国身份，尽管有人把这看作是袭击穆斯林团体的代码。如果这一趋势继续下去，那么另一种不同形式的文化战争就会在西欧出现。对立的两极可能会是激进的原教旨主义与宽容和自由的自由权。不同版本的基督教和伊斯兰教很可能会在这个范围内找到自己不同的定位。这只是基于微弱迹象上的猜测。这些迹象表明，在西欧正在兴起一种文化冲突。

我们只剩下两个问题，它们对西方世俗主义出现的传

31 统讲述提出质疑。第一个问题就是，基督教显然没有销声匿迹。尤其是在美国，基督教继续拥有政治重要性，尤其是当它被用来支持社会保守运动的时候。第二个问题是，尽管世俗化思想相对于基督教具有明显的知识优越性，以及自然科学和社会科学正在兴起，聪明的人仍然在成为基督徒。尤为重要的是，受尊敬的、确立了地位的科学家都是虔诚的基督徒，有些人还写书论证信仰和学术研究是兼容的。如果说世俗主义赢得了重大胜利，那么在某些方面基督教似乎改变了游戏规则。这两个问题要求我们修订世俗主义历史的传统讲述。

西格蒙德·弗洛伊德和《一种幻象的未来》

我们该如何理解西方世俗社会？解答这个问题的主要提示来自西格蒙德·弗洛伊德的研究成果。弗洛伊德强调了两个基本点。首先，他证明了科学是如何成为西方社会的新技术的。科学取代了基督教的技术功能。科学解释自然现象更得心应手。其次，科学不能为西方社会提供一个伦理框架，因此，宗教在西方社会仍然是做伦理决策的一个工具。

弗洛伊德是一个坚定的科学家。作为一门新学科的奠基人，功成名就的学者们怀疑地看待他作为一门新学科的奠基者的学术信誉。彼得·盖伊在他写的弗洛伊德传记中，颇为详尽地描述了弗洛伊德是如何与他的边缘地位作斗争的。[9]但是这并没有阻止弗洛伊德把他自己的方法吹捧为科学的。

对讥讽的恐惧也许促使弗洛伊德去争当一流科学家。

　　弗洛伊德坚信科学能够解释自然秩序。更了不起的是，科学能够使人控制自然。他写道："我们相信有可能让科学研究来获得有关世界真实的知识，凭着这种知识，我们能够增加我们的力量，根据这种知识，我们可以安排好人生。假如这个信念是一种幻觉，那我们就跟你们处于一样的位置。"这个句子中的"你们"指的就是宗教信仰者。这段语录出自弗洛伊德论宗教信仰的书《一种幻觉的未来》。弗洛伊德在这本书中详细阐述的清楚信念就是，科学并不是幻觉。科学有能力解释现实，然后武装人类去控制现实。科学比宗教更胜任这项工作。事实上，科学可以解释，在科学出现之后为什么宗教还继续存在。

　　弗洛伊德通过提问我们为什么接受文明强制给我们的拘禁来开始对宗教的分析。尤其是我们为什么接受生活在社会中伴随而来的道德限制？例如，我们要成功地参与社会生活，就意味着我们并不杀害惹火我们的人，也不因为别人的财物诱人就去偷窃。弗洛伊德给出的答案是，这要比另一个选择更可取。生活在文明社会中要比生活在被"自然"所威胁的生活中更好。弗洛伊德在此所用的语言非常生动。他说，自然"冷酷无情地摧毁"我们，而且好像要强调残酷性，自然有时"通过使我们产生满足感的东西来摧毁我们"。文明是人类所发明的一个机制，用来保护自己免受自然侵害。这不仅仅是抵抗自然世界物理危险的一种防御机制，还是抵抗人生中那种祸从天降、任性妄为的残暴性的一种心理防御。正如弗洛伊德所说，文明的使命是多重的、多面的。人类的"自爱受到严重威胁，它吁求慰藉。必须剥夺掉人生和宇宙中的恐怖事物；此外，确实的是，他的好奇心被最强烈的实用兴趣激发，要求一个答案"。[11] 文明被要求通过其文化和宗教解释人生的所有方面，包括人生的目的本身。

剥夺大自然的恐惧，解开人生奥秘的第一个阶段，就是要人把自然人性化。死亡与灾害被理解为一个恶意的或被中伤的邪恶意志的产物。自然元素也有太人性的情感，会狂怒、抚慰或迷惑我们。人类可以把自然作为他自己特征的反映来理解。弗洛伊德认为，这就意味着可以通过寻求把自己人格化，从而理解自然。我们面对着自然中的各种人物，"试图向他们祈求、平息他们的怒气、贿赂他们，通过这样来影响他们，我们也许可以剥夺掉他们一部分神力"。赋予自然以人性，这就赋予了人类减弱他们本来可能会感觉到的彻头彻尾的恐惧和困惑。

这只是第一个阶段。人类并不仅仅赋予自然以人格和意志就止步不前了。还有第二个阶段。人类回顾自己早期经验中的恐惧和保护。他们在那里碰到家长的形象，尤其是父亲的形象。弗洛伊德写道："人不是简单地把自然力量转变成一些人，他可以像跟平辈一样与这些人物交往——这对自然力量给他造成的强烈印象是远不公平的——他赋予自然力量以父亲的特征。"[12] 当人格化的自然具有了父亲身份时，它就成了神。人类把人格化的自然转变为诸神。因为"诸神"是在父亲自然这个角色中的记忆的表达。这些神祇有三重使

38

命："驱除自然的恐惧"；让人屈从"命运的残暴"；以及"为共同的文明生活所强加给人的苦难和匮乏给人以补偿"。

故事并非到此为止。人类中的精英，"古代最有天赋的人"，认识到在这三项使命中，诸神最擅长于第三项——为人生中的灾祸做出补偿。随着人类知识与理解力的日增，他们看出诸神在自然中参与的活动是有限的。诸神仍然总体把控着自然，但他们似乎很少卷入自然的日常事件。自然是独立自主的。它有纯属自己的命运，而诸神自己有时也要受制于这个命运。因此人们开始专注于诸神在文明中的作用，并逐渐转向关注道德领域。弗洛伊德指出："自然变得愈独立，诸神愈退出自然，人们的所有指望就愈热切地转向诸神的第三项使命–道德就越发成为诸神的真正领域。"[13] 诸神的职责就是改良文明社会的运作，好让它变得更为公平，也好让人类互相施加的痛苦更少一些。诸神要"监察文明中的律令执行得怎样"，而人类对这些律令的"服从是那么不完美"。宗教的胜利是伦理的。道德律令通过抬高到其神圣的起源和合法化，从而被写进了现实生活的经纬中。道德不仅是使人类文明井然有序的一个手段；它是关于人生和自然的普世的、永恒真理。

弗洛伊德现在已经为他对当代宗教生活的描述奠定了基础。宗教发挥了一种心理的功能。它保护我们免受残酷命运和人类非正义的侵害，使我们的恐惧和无助变得可以忍受。宗教提供了现实生活的一种解释，这种解释不必使我们充满恐惧，也不会导致绝望。人生有了一种超越直接可见和体验

34

39

的事物之外的目的。在人类秩序之上还有一个更高的秩序，有一些仁慈的神祇担保我们的命运不会是变化莫测的。一旦奠定了这些心理学基础，弗洛伊德似乎相信，人类想象可以构建日益高雅、令人满意的宗教体系。一个很重要的进展就是来生。他写道，最终"善有善报，恶有恶报。若不是在此生得报，就会在死后开始的来世得报。就这样，人生中一切恐惧、苦痛和艰辛都一笔勾销了。来生继续着在凡间的此生，就如同光谱的不可见部分连接着可见部分，给我们所有人带来此生可能错过的完满"。[14]把诸神的所有特性都压缩进一个神圣形象中只是小小的一步。从多神教到一神教的伟大进步同时也是回归宗教的起源，因为人与一位上帝的关系现在可以更精确地折射跟父亲的亲密关系。

35　　弗洛伊德就这样创造出了对西方基督教信仰的一种解释。宗教是一种幻觉。它不是一种妄想（delusion），因为它不一定与现实相悖。幻觉可能会是真的，只不过尚未证实而已。对弗洛伊德来说，宗教准确地说既未被证实，也未被证伪。尽管他以一个无神论者的身份说话时最能表现真我。使弗洛伊德怀疑宗教并使其成为一种幻觉的是"愿望满足"（wish fulfillment）所起的关键作用。宗教给予人类他们最欲求的东西。人生是公平、有序、充满意义的，因为有一个仁慈、公平、掌管自然的上帝。宗教庇护人类，使之不受自然施加给人类的那黯淡、残酷、任意、无意义的痛苦的伤害。在弗洛伊德看来，只有当人类长大成人、摆脱了对父亲的保护和安全感的依赖之时，宗教才不复是文明的一部分。

我们该如何看待弗洛伊德对宗教的分析呢？他自己也承认对《一个幻觉的未来》不满意。他称之为"幼稚"和"分析很弱，像自白一样不适当"。他对他的朋友和同事麦克斯·艾丁顿批判了这本书，说"这本书的分析内容很单薄"并补充说"价值不大"。[15] 彼得·盖伊把弗洛伊德的自我批评部分地归因于他在著作出版时通常会感觉到的抑郁和自我辩解。但他也注意到，这种自我批评比寻常更严厉和猛烈。盖伊认为弗洛伊德感觉自己垂垂老矣，重创在身，这尤其是因为他患喉癌的后果。真相可能如此——这是盖伊的传记中持续的主题——但这并不是弗洛伊德对这部著作感到沮丧的唯一原因。

《一个幻觉的未来》与弗洛伊德的早期经典著作大不相同。早期的演讲和论梦境与歇斯底里的书都是基于弗洛伊德作为精神分析学家的成果。他运用了来自个人病例的证据来支持他得出结论和他所创设的理论。病人们带着可辨别、可观察的问题去找他。弗洛伊德在跟病人的对话中能够运用基于他的理论分析之上的一些策略，结果明显的症候经常减少或消失了。在这个意义上弗洛伊德可以恰如其分地自称为科学家。其他人也同样观察到了改变了的行为，结果要么赞同弗洛伊德的理论，发展了他的理论，或像荣格一样，挑战他的理论，这就给科学的名头增添了分量。有业经报导、可观察的病例，能接受各种形式的核实。当弗洛伊德转变方向，写关于社会的著作时，显而易见，情况就绝非如此了。盖伊指出，弗洛伊德把精神分析的工具运用于他对文明的研究。

但是这种断言似乎是不可能的。弗洛伊德不可能像分析一个病人那样分析西方社会。尚不清楚弗洛伊德是否相信西方社会显示出了一些病症，需要治疗。宗教行为必须是一种大众的歇斯底里或神经症，使社会秩序陷入危险中，才需治疗。弗洛伊德本人并没有说得这么厉害。宗教是一种幻觉，而不是一种错觉。宗教可能是真的，也可能不是真的，尚未得到明证，尽管无神论者弗洛伊德本人并不信教。

再者，弗洛伊德关于一神论和成人对自己儿童时期父亲形象的记忆之间关系的推测，并不是建立在对信教者的精神分析之上。弗洛伊德并没有做定性的实验工作。也应该提到的是，信教者没有展示出足够相似类型的行为，提示他们可以被划分为一个群体，具有一套可观测的人格障碍。信教者的人格类型、个性和个人行为多种多样。可能有人认为，弗洛伊德在《图腾与禁忌》中所做的研究，为人类的造神和他们关于儿童时期父亲的记忆之间的关系提供了证据。弗洛伊德在《一个幻觉的未来》的一条脚注里提到了《图腾与禁忌》，然而这样一种声言可能并非弗洛伊德的初心。他说《图腾与禁忌》的目的并不是"解释各种宗教的起源，而是解释图腾主义"。[16]尽管弗洛伊德在《一种幻觉的未来》中的推测和他在《图腾与禁忌》中的研究的确有某种关联，然而实情是，两本书讨论的是完全不同的话题。弗洛伊德偏离了在他精神分析工作中行之有效的科学方法，进入了玄想的领域。

但是，弗洛伊德的成果之所以对我们重要，并非因为它能够分析人类从事宗教行为的原因。相反，弗洛伊德强调了两个意义重大、互相关联的要点，它们对理解西方社会的宗教身份乃是关键。第一点就是弗洛伊德开门见山所指出的那一条，即宗教对当代文明的价值，就在于它能够支持伦理体系。弗洛伊德正确地指出，西方宗教的核心即伦理。但是（这是第二点），弗洛伊德所说的西方伦理宗教的理由却是错误的。弗洛伊德认识到，自然与宗教的关系是理解一个社会中宗教重要性的关键。而且，弗洛伊德正确地指出，宗教信仰的作用之一是对危险的、令人生畏的自然秩序行使控制。说宗教发挥技术作用，意义就在于此。有丰富的历史证据支持这个想法：宗教是以这种方式起作用的。弗洛伊德费尽心机，企图指出科学和宗教分属于不同的知识领域，其一是确立真理的手段，其二是一种幻觉。事实上，历史上曾经发生的是，科学只是作为可供人类利用的最有效的技术取代了宗教信仰。在某种意义上，科学是新宗教——因为它技术高超。巨大的区别就在于，科学是要求别人去管伦理的一个技术体系。宗教提供自己的伦理框架，科学却只配备了人类希冀强加给它的限制。所以，如果科学是西方社会的技术源头，那么它就同时需要发展出一套关于伦理的公共话语。这是弗洛伊德的工作价值所在。其含义需要更详加审视。

新技术

本书不是关于科学与宗教之间关系的历史，但是我们需 38

43

要从这部历史中获取非常重要的一点，以帮助我们理解宗教身份，尤其是西方世俗主义的本质。科学已经取代了宗教，成为西方社会中的技术。宗教在古代和中世纪社会所起的重要作用是技术性质的。这绝不是它起的唯一作用，但这个作用意义重大。取自历史的一个例子说明了我的意思。

科学在公众中的伟大成功，是在医疗护理领域。在科学之前基督教是治病救人最有效的医疗方法。它取代了异教，成为最有效的医疗方法来源。彼得·布朗教授在他所著的希波的奥古斯丁大传中，总结了在古代医学中宗教的技术功能，尤其是基督教的功能。关于公元4世纪的宗教文化，他这样写道：

> 奥古斯丁在这样一个时代成长，当时人们以为，他们与恶魔共享这个物理世界。他们对此的强烈感受就如同我们感受到有成千上万的危险细菌存在一样。"基督之名"就像疫苗一样打在基督徒身上。这是唯一的安全保障。奥古斯丁在儿童时期就被"抹盐"，以驱赶恶魔。当他突然病倒时，他就会祈求给他施洗。当然，这些基督教的仪式对一个成年人的影响甚微，就像他保有一张疫苗接种证书一样。但这些仪式表达了一种心态，它把古典时期的异教作为绝对"不卫生"的东西排除掉。[17]

当然很可能我们会对这些宗教仪式表示极度怀疑，斥之为迷信。认为基督是最有效的驱魔武器，这一概念可能来

39

44

自《圣经》，但却不是现代的、医学的或科学的。可是这样说是对我们祖先的智力和文化十分不公。如今健康长寿不再像过去那么重要了。生活在奥古斯丁时代的人像我们今天一样对有效疗法十分热心，对无效疗法也同样鄙夷。因此，在某种意义上，基督教是最好的医药。它当然不尽完美，然而现代医学也不能包治百病。但这却不能阻止当代人信仰现代医学治病救人的能力。同样，古人也希望从他们的基督教信仰中获得最佳疗效。数百年间，基督教被看作是保证事业兴旺、身体健康的手段。只是在现代医学出现之后，基督教的这种技术功用才停止。也许颇有讽刺意味的是，新科学技术的许多圣殿——医院——都是由基督教捐助者建立的。话虽如此，这也表明基督教能与时俱进。

随着科学作为新技术的出现，一个新的问题产生了。在科学的胜利之前，众神限制了技术的可能性。神的意旨给技术的功能设定了边界。至此边界是由神的首肯所设定的。但是，一旦超自然的地位被篡夺，对人类可能性的限制就解除了。现在什么事可能办到，完全是人类选择、发明和想象而不是神的许可的问题。技术面临的问题不再是超自然允许做的事情。任何事情能否办到，这个问题已经得到了解答，至少在理论上是如此。要发生什么事，就先得把这个事物发明出来。在现实中，这可能是个主要的障碍，但在理论上这根本不是界限。这种无限可能性带来一个新问题。可能的就是好的吗？能够办到一件事情并不意味着应该办这件事情。堕胎问题是一个明显例证。假如父母希望可以把一个胚胎流产

40 掉，科学允许这么做。但是否应该这么做，却完全是另一个问题。科学产生了关于值得向往的事物的一整套问题，它们被从超自然的局限中解放出来。换言之，鉴于科学的技术主宰地位，西方社会现在必须找到应对伦理问题的新方法。要不然它就得修改旧方法，也即基督教。科学变成了新技术，其后果就是，在西方社会里，伦理作为最重要的讨论话题出现并占据了主导地位。伦理成为打破了宗教技术枷锁的社会所面临的主要困境。正如本书随后章节所讨论的那样，宗教的伦理转移是西方世俗社会的一个重要界定因素。值得注意的是，在科学伦理体系缺失的情况下，基督教伦理学仍然牢固地占据其位。西方社会是在基督教伦理或不要伦理之间进行选择。

行文至此，我们才明白美国文化战争的意义。这就是美国社会是在被伦理所占据的领地上战斗。战斗的一方是与基督教伦理相关联的社会保守主义，另一方是世俗自由主义，它支持同性婚姻、支持女性选择的权利，支持科学。论战的双方都是基督教伦理的一种版本，尽管它们走的道路截然不同。这场战争之所以说一场恶斗，是因为它只是一场内部的神学争议——一场基督教内战。我这里的意思将在最后一章得到阐明。在论证的这个阶段，我的主旨是，美国文化战争进一步证明了科学是怎样不能够把宗教从它作为伦理仲裁和向导的角色移开。

我在本章的开头展示了世俗主义兴起的传统记述。在自然主义和超自然主义的战斗中，科学最终占了上风。在公共领域中，自然科学和社会科学具有可信度。宗教信仰至多不过是一个私人意见的问题。讲述这个传统故事突出了两个问题。它们都环绕着这个现象发展：尽管世俗思想取得了所谓胜利，宗教却仍然挥之不去。首先，在美国政治里正在进行的高调文化战争中，基督教的作用至关重要。其次，大部分基督徒都能够把信仰跟科学知识结合起来，而且在某些情况中，能结合广博的专业知识。这些难点要求对世俗主义，尤其是科学，跟基督教之间的冲突做出不同的解释。在修正过的解释中，我指出，科学已经替代了宗教，成为西方社会中最有效的技术。科学在功能上比宗教高明，并为自然和人类生活的运作提供了更好的解释。然而，到目前为止，科学并未发展出一套差强人意的伦理体系。故此在伦理学领域中它没能取代基督教。在论启蒙主义的一章里，我将更详尽地探讨这一论点。然而，在此之前，我们必须审视我们关于世俗主义历史的第二种记述，即社会历史。

41

第三章　世俗主义与社会历史

42　　讨论世俗主义在西方的兴起的第二种和更常见的方法，就是经由社会历史这个媒介。讨论的核心部分是辩论甚多的世俗化主题。这个理论的当代形式是在20世纪60和70年代由彼得·伯格（Peter Berger）和布莱恩·威尔逊等学者所提出的，尽管它可以追溯到19世纪和一些有影响的人物，如马克思、迪尔凯姆和孔德。[1]这个理论最近、最权威和最犀利的阐释者是史蒂夫·布鲁斯（Steve Bruce）教授。要言之，其论点是，基督教之所以衰落是因为社会变革。可以用西方社会的现代化来解释世俗化。基督教捍卫其知识可信性，使之不受世俗化思想侵犯的能力，倒不如它顶住社会变革的能力重要。社会更加工业化和城市化，因此更加碎片化和官僚化，基督教的受欢迎程度也更低，更加边缘化了。事实上，布鲁斯预言"英国到2030年"将是一个世俗社会。[2]布鲁斯的预言几乎肯定是错误的，其理由随着本章的进展会愈发清

43　楚。但社会变革显然对基督教和教会产生了重大影响。我在这里将探讨这一影响。

48

本章开头将展示常用的教会衰落统计数据，这些数据相对来说没有争议。接下来将探索对西方世俗化的各种解释。布鲁斯的现代化理论，尤其是社会碎片化的理论，社区的终结和技术理性，这些是探索的出发点。布鲁斯的解释受到几位学者的挑战。有人争论道，他所解释的是教会的衰落，而这与基督教信仰的衰落是不同的。与此相连的是以下断言：他对是什么构成了基督教信仰和实践的概念很狭隘。现代化主题也必须考虑到美国的局势，美国的教会信仰和教会归属的统计数据要高得多。卡伦·布朗（Callum Brown）提出了另一组问题。他指出，教会生活的大衰落从20世纪60年代开始，而且是过去40年的产物。布朗所赞同的解释牵涉到妇女身份的改变。衰落跟西方社会的工业化或城市化关系不大。最后，我将审视格蕾丝·戴维（Grace Davie）教授提出的各种宗教的概念。这一概念与大众宗教的概念相关，它质疑基督教在西方社会中败退的程度。

衰落的统计数据

西方社会正变得更世俗化的论点以统计数据开始。通常无可争议的是，与19世纪相比，一系列指标说明当代对教会的支持正在下跌。在整个西方社会，这个模式并非完全一样。美国是个例外，需要详尽的调研。西欧的所有国家也不是都一样的。在葡萄牙和爱尔兰，公开报道的宗教礼拜出席人数要高于法国和瑞典。[3]这些变量可以归因于这些国家和　44

地区的宗教文化，以及民族国家的政治历史。爱尔兰的罗马天主教和法国的反教权主义（anti-clericalism）说明了局地和全国的因素会怎样影响整体局势。然而，局地变化并不能否定教会归属和出席礼拜人数的整体下降局面。由于篇幅有限，不能考虑西欧所有国家和地区，所以我将跟随布鲁斯的做法，只详细地考察英国。英国是个极佳例子，说明世俗主义兴起的社会解释是如何提出的。

通观所有指标，当代统计数据显示出基督教信仰和行为的衰落的局面。[4]1851年，霍拉斯·曼（Horace Mann）做了全国宗教礼拜人口普查，英国人口的40%—50%会上教堂。精确数字难以估计，因为有些人在主日不止一次上教堂。但我们可以合情合理地假设，人口中不少于40%的人上教堂。在1979年，该数字为12%，到1989年为10%，到1999年为不足8%。这是个巨大的落差，表明了宗教行为的一个重大转变。其他指标也显示出同样的模式。教士的人数从1900年的45000人跌落到2000年的34160，约为25%的降幅。在同一时期，英国人口几乎翻了一番，所以教士人数若跟上的话，现在应该接近8万人。在1900年，约有50%的儿童上主日学校，而到了1998年，该比例仅为4%。在20世纪里，举办教堂婚礼的数字从世纪初的约80%减少到世纪末的约40%，减少了一半。新生儿受洗的人数和在教堂举办葬礼的次数也大幅下跌。从这些数据中可得出的毫无争议的结论就是，相比于19世纪，对教会的支持大大减少。关于教会衰落的细节有不同意见，布朗的论点是20世纪60年代是社会变革的关键时期，但是关于整体局势，争议甚少。我们比维多利亚时代的人对教会的忠诚度低多了。随后自然产生的问题就是：我们如何解释这一衰落？

现代化

史蒂夫·布鲁斯论证道，教会归属和出席率的衰落可以用伴随着现代社会而出现的变革来解释。[5]具体来说，有三个因素：社会碎片化、社区的终结和理性化。我将逐一审视这三个因素。

布鲁斯所确识的第一个社会状况的变化是，从关系紧密的、封闭的社区，即村庄，转向多元的碎片化社会，即当代民族国家。这种碎片化有几个成分。在前现代、封建的社区里，教会对一些关键活动负责。它负责教育、社会福利和卫生保健。教会对经济的运行也会发表有影响的意见。随着现代化的到来，这些活动逐渐移交给了专家。教会失去了全面控制。受过培训的职业人士如教师、护士、医生和社会工作者接过了先前属于教会负责的工作的职责。教会若是保留对一个机构如学校或社会福利的管理权，这个组织所实施的职业标准也意味着它与一个世俗部门毫无二致。教会经营的学校仍会雇用与国立学校的教师具有同样资质的教师。教会学校跟世俗学校几乎在所有方面都是一样的。

与角色的分裂同时发生的，是人们开始分化成更鲜明的阶级群体了。在封建时代，社会分化是固定的，很好辨识

46　的。然而，尽管阶级不同，仆人和主人往往同住一个社会和物理空间。有些人的生活质量远优于其他人，但所有人都生活在互相紧密临近的空间里。随着城市化和工业化的来临，社会开始分化。不同阶层的人会在不同地方工作；特别是工人阶级会拥挤在工厂车间里。阶级区别也会影响居住空间。而且工人阶级会聚集在巨大的城市贫民窟里，而更富裕的阶级则要么完全搬出城市，要么搬离市中心，迁居到郊区去。随着郊区住房项目的发展，中产阶级则居住在郊区。

　　这些社会变革影响了人口的心态。工业化导致封建制度的崩溃，从而引进了更大的平均主义和民主的意识。布鲁斯指出，这影响了教会，后者发现更难以为圣公会等级的封建观念辩护。因此，诸如英国国教这样的圣公会色彩强烈的教会继续吸引贵族和士绅阶层，而新教的不从国教派教会的结构更民主化，则更吸引新生的中产阶级。布鲁斯把变化了的思维模式作为其分析的中心。在等级森严的封建社会中，教会具有强势的统治地位，这个社会崩溃后，就造成了社会碎片化。社会碎片化与个人主义携手共进，在平均主义中得到持久的表现。

　　隐含在社会碎片化中的是现代化第二个状况，即社区的崩溃。出发点又是一副中世纪生活图景，占主导地位的是关系紧密的小型社区。这些社区的一个关键特征就是多元主义的缺席。它们的信仰体系不受外部挑战，因此具有一种"天经地义"的地位。在没有其他可替代的神学状况下，宗教信仰被认为是事实。它们超出了被质疑的范围。布鲁斯提供了一个有趣的例子说明他的意思：

> 假设你生于一个小小的安定的社会中——人类学家　47
> 的湖边部落——那里人人都相信大乌贼就是上帝。人生
> 中的每个重要事件（出生、结婚、死亡等等）都附带上
> 了乌贼崇拜事件。每天，在人们成百上千次小小的交流
> 中，乌贼的神性都被诸多事件所证明，如用乌贼发怒来
> 解释恶劣天气，在谈话中随随便便地谈起了"有福的乌
> 贼"，乌贼是上帝的概念不是一个信仰，而是一个事实。
> 这就是世界的现状。而且对在那个社会中长大的任何人
> 来说，都几乎是不可争辩的。现在假想，人口突然激
> 增，出行也更容易，这就意味着乌贼部落与三到四个其
> 他文明有了接触，没有一个部落崇拜乌贼。突然间乌贼
> 的神性不是一个事实了；只是一个信仰，而且是一个被
> 热切争辩的信仰。乌贼部落仍然可以信仰乌贼，甚至可
> 以建立一些传教协会，使其他人改信乌贼崇拜，但他们
> 绝不能回到早先那幼稚的理所当然的世界观。[6]

这个故事为布鲁斯所阐明的就是，宗教信仰不再是必需
的一件事。相反，只是一种偏好。而当它是一个偏好时，有
些人就会选择不信神。当选择不信神而又不会受到任何社区
的惩戒时，情况尤其如此。这就导致了布鲁斯的第二点，即
社区的解体。然而，在我讨论这个问题之前，值得指出布鲁
斯的乌贼崇拜社会这个例子的问题。这就是内部人/观察者

之分的社会学困境。布鲁斯的分析认为，宗教信仰的真实性在一个多元化场景中必须改变，因为有另一个选项存在，这对观察者来说是正确的。对观察者来说，一旦有一个选择存在，那么原先信仰的真实性就是相对的了。然而，对信仰者来说情况并非如此。对信仰者来说，看到一个新的可供48 选择的观点出现，他们可能会认为他们信仰的真实性丝毫不减。这是通过简单的权宜之计来办到的。如例子中所暗示的那样，信教者知道另一个选项是不正确的。如果另一选项作为虚假的被摒弃，那么宗教多元主义也就销声匿迹了。对一个信教者来说，面对没有选项的真理和面对虚假选项的真理丝毫不能削弱真实性的程度。然而，确实改变的是宗教信仰和它们在其中占统治地位的社会的关系。这是布鲁斯关于社区解体的第二点。小型、关系紧密的社区能够控制和监视其居民的信仰和道德行为。小社区能够靠自己进行有效的监管。此外，宗教信仰渗透在社区生活的方方面面。每个重要事件都有一个宗教仪式来标明，从经济方面的事件，如庆祝收获，到家庭事件，如出生、结婚和死亡，无所不有。如果有人不举行应时的仪式，社区就会知道并采取行动。宗教在这种社区氛围中很兴盛。但是，在现代化的情势下，如搬迁到城市或工厂去，社区就解体，那么占统治地位的信仰体系也相应垮塌。信仰和实践不再受到小社区的监控。随着社会碎片化与社区解体的出现，宗教自由和选择也随之而来。这种自由和选择意味着更少的人会坚持前辈的习俗。社区的解体就意味着离经叛道不再如此显眼，也不再会导致社区的惩戒。单一的、支配一切的道德与宗教体系那无人质疑的地位一去不复返。每个人都曾经被迫归属这一体系。现代化是宗教多元主义和非个人的、大体上匿名的社会状况的结合，它导致宗教习俗和信仰的边缘化。布鲁斯说道，教会的最初反应就是试图运用国家的权力强制实施宗教服从。然而，企图利用法律与强大的社会变革斗争，这样做的社会成本太大，因此教会被迫让步，允许现代化造成其不可避免的浩劫。 49

　　现代化的第三个元素如此严重地损害了教会，它就是合理化。这还是关于改变了的思维模式。布鲁斯的论点与我在第二章中的论点非常类似，即科学是怎样取代了宗教成为西方社会占统治地位的技术。然而，当布鲁斯在谈理性的时候，他所意指的不仅是科学与宗教的冲突，不是指传统意义上的冲突。合理性指的是社会凭借其做决策的过程和体系。在理性社会中，惯例和规则被施用于被合理化的情境中，合理化的理由不依赖于实施规则的个人。因此，要确定任何个人是否有资格享受免费的福利，有一套独立于处理申请的官员的偏心和成见的标准。事实上，任何官员都会遵循同样的标准重复做出任何决策。这种现代心态不利于宗教心理。它所关注的只是程序问题，而不是更大的哲学和神学问题。公共讨论可以是关于效率和恰当的程序的，不必去管目的和意义。因此，宗教就被排挤出了公共领域。

　　论证到此，布鲁斯才把科学的话题带进讨论中。他指出，大部分人并没有因为研究了达尔文、同情伽利略或细读过德国《圣经》批评家就抛弃宗教。发生有关《创世记》

的记述和进化论的关系的知识辩论时，都只局限于少数精英。但这并不意味着科学没有影响教会。已然发生的是，一种科学思维模式把宗教边缘化了。这种思维模式关注的是因果关系的运作。它寻求完全自然的答案和解决方法，回避超自然之物，将其归于神话王国。因此，假如一架飞机坠毁，即刻提出的问题就是：坠毁的原因是什么？是机械故障，人的错误，还是恐怖主义活动？问题不会是：诸神是怎么被激怒的？只有当科学，尤其是医疗科学，没有奏效的时候，宗教才会加入争论，它要么充任被伤害者或失去亲人的人的慰藉，要么在科学，通常是医学没有奏效时，充任最后一着。这种科学思维模式与官僚思维模式兼容，后者代表社会做出福利分配决策。但是这两者都跟宗教思维模式不兼容。结果就是科学与官僚体制主宰我们的公共讨论——即所谓的"合理化"（rationalization）——同时宗教则是供个人做决策的纯粹私事。宗教所主张的真实性不能接受这种类型的理性调查，因此被贬低到主观领域去了。

布鲁斯的结论是，现代社会的这些方面，如社会碎片化、社区的解体与合理化，结合起来使得西方主要是世俗化的了。他很好地表达了这一观点：

> 大部分现代社会多为世俗的，这绝非偶然。工业化
> 带来了一系列社会变革——生活世界的碎片化、社区的
> 衰落、官僚体系的兴起、技术意识——这一切都使得宗

教相对于前现代社会魅力大减，可能性降低。[7]

现代化导致世俗化的观念也不是没有其批评者的。我将在随后章节里考察最重要的批评。因为布鲁斯十分清楚对他的许多批评，他在几本书中都做了答复，所以我们在逐一考察这些批评并讨论它们之时，引领我们的问题就是：对世俗主义兴起的这种叙述在多大程度上深化了我们对西方社会的宗教与文化认同的理解？世俗化主题的问题就是，它描绘了一幅 51 这样的图景：随着社会的世俗化科学思维模式日增，各个社会都逐渐放弃了宗教信仰和习俗。正如批评者所指出，证据就是宗教死而不僵，这给现代化社会的腐蚀力提出了严肃的问题。这不仅是西方之外那些国家的情形，西方边界之内诸国的情形也是如此。

信教但不入教

世俗化主题解释西方社会中教会归属和做礼拜衰落的原因。上教堂人数和教会成员人数，还有接受浸礼、婚礼和葬礼的人数都表明，与维多利亚时期相比，上教堂总人数在下跌。然而，与这组数据同时并存的还有另一组数据，表明信上帝的人数和自我认同为基督徒的人数相当高。我们已经看到，在2001年的英国政府人口普查中，平均有超过70%的人表明自己是基督徒，信上帝的人数也大致相当。《欧洲价值观研究》表明，平均有正好超过77%的欧洲人报告说他们信上帝。[8] 在有些国家里，尤其是罗马天主教地区，如爱尔兰、意大利、葡萄牙和西班牙，这个数字约为90%。在更自由化、历史上是新教的国家，比例较低，瑞典为最低，有53%。瑞典是个例外，荷兰与法国记录的人数刚刚过60%，丹麦、比利时、德国和英国在70%左右。对上帝的持续信仰使得一些学者提出，虽然对教会的忠诚度明显下降，但人们仍然保持宗教信仰。格蕾丝·戴维教授生造了一个有用的短语，世人在"信教但不入教"。[9] 人们信上帝，但不上本地教堂。戴维知道，宗教习俗与信仰在各地差异很大，所以信教但不入教的概念本意不是对所有情况的精确描述。相反，它只是世俗化主题的另一表述，后者考虑到西欧对上帝信仰的强度和弹性。这是解读数据和思考西方宗教认同的另一方法，并不能假设西方宗教不可避免的衰落。

对"信教但不入教"概念的反应是质疑：当人们说信上帝时是什么意思。与更硬性的宗教习俗（譬如上教堂）指标相比，这个概念无疑是很软性的。布鲁斯指出，当人们说信上帝时，他们的意思只不过是说他们自认为是善良体面的人。他们的道德感的一部分，就包括信上帝。这跟表明信基督教概念的上帝不是一回事。布鲁斯的论点的难处就在于，他不是按照表面价值来理解人。在某一点上，你必须相信人们对问题的答复，要么就不必费事去采访他们了。话虽如此，如果提出更详细的关于信上帝的问题，人们显然不是赞同一种基督教正统的形式。对一个人格化上帝的信仰，或对一个拯救人类的上帝的信仰，一般来说比对一种笼统的上帝信仰更不常见。此外，布鲁斯相信，信仰的人数会跟随教会归属的人数，但速度稍慢。宗教信仰的衰落会跟随宗教习俗的衰落。使布鲁斯和戴维不同的关键一点就是，这两套统计指标是否应该关联起来。戴维认为应该分开处理，布鲁斯认为一套指标会跟随另一套指标。证据是含糊不清的，因为信仰人数的数据的确显示出下降的迹象，尤其是当人们被问到关于基督教信仰的更详尽的问题时。然而，与上教堂的人数相比，愿意信上帝并自称为基督徒的人数如此之高，说明正在发生某种事情，需要更进一步的解释。上教堂的人数比例只有不到8%，而声称相信上帝存在、自称为基督徒的人数比 53 例却超过70%，这种情形至少是很不寻常的。

基督教认同的问题

布鲁斯所提出的世俗化主题取决于两个关键命题。第一个是，一定有某种我们认为的基督教的事物存在，我们才可以说它衰落了。第二个就是，一定曾有过基督教实践和信仰的最高点，与之相比，当前水平更低。如果这两个命题未得到证实，那么我们现在的局势，信教而不入教的概念，就很可能是基督教信仰的一个变化或发展，不会导致更大程度的世俗主义。

基督教也许正在改变其认同，例如，不再包括多数人上教堂。布鲁斯抵制这个概念。对布鲁斯来说，基督教认同在某种程度上必须是静止的。这并不是说所有版本的基督教都是一样的；显然不是。然而，有些核心成分必须在场。布鲁斯用足球迷的类比来说明他的意思：

> 只是有点好笑，我将再次用这样一个例子来总结反方论点，他声称自己是一个狂热的足球迷，但被再三追问时，他承认自他5岁起，父亲便不再带他去看比赛，也从不在电视上看球赛，也不看报纸上的足球专栏，不支持任何球队，不鼓励儿子参加比赛，说不出任何著名球员的名字。[10]

布鲁斯说，跟足球没有什么关系的人就不是球迷，当然说得对。但他的例子提出了身份的问题，因为它会问，在什么程度上称一个人是足球迷才是合理的。一个人必须要有本地俱乐部的季赛票，看全部客场球赛吗？或者能够说出一个著名球员的名字，例如大卫·贝克汉姆就够了吗？第一条标准就会排除掉除最忠实的球迷外几乎所有的人，第二条几乎包括地球上每个人。而且在这两个极端之间还会有不同的程度。只在报纸上跟踪你的球队的积分，但从不去看球赛，这就够了吗？一个赛季就去看一两场球赛，然后经常在电视上看你的球队，你就算是球迷吗？越是追问这些程度的问题，后继的问题就变得越突出，即：是谁决定真球迷的标准是什么？与本场讨论更相关的问题是：由谁决定什么样的人算真正的基督徒？由谁决定什么样才算真信上帝？或者什么才算宗教的而不是世俗的身份？现代化观念的倡导者们以为早在过去某个时刻就设置好了定义。而且在当下和未来不会有大的改变。认为基督教有一个固定的界说，可以充任当今信仰和实践的标准，这个想法大有问题。正如我在下一章中会探讨的那样，这个假设有很大的争议。

基督教正统的问题提出了大众信仰的这个问题。一个人声称他在上帝眼中称义，同时又不按传统所谓基督教的方式行事，我们该怎么看待他呢？行文至此，值得一提两项研究，休·麦克利奥德强调过其一，而在莎拉·赛克斯的案例中，杰利米·莫里斯强调过其二。[11] 这两项研究是威廉斯和理查德·赛克斯做的。它们通过研究大众宗教信仰，把世俗化辩论领向一个新方向。这两项研究所证明的不仅是在宗教实践被抛弃后，宗教信仰的持续存在，还有对入教缺失深思熟虑的辩解。威廉斯引用了1910年出生于佩坎姆的科顿太太的话。她说：

> 我总是说你没必要去教堂，因为他们去教堂的，很多人都去这个礼拜那个礼拜，他们都是些啥人？……当他们说关于去教堂那些话时。我看得多了。下一刻他们就会在酒店里。而且，有几个人，我知道他们是拼命工作的女士。她们以为她们是上帝的圣徒，可她们不是。所以我就说，只要我活得清清白白，谁在乎呢？……就像我说的，当主召唤我的时候，我一辈子没干过什么错事。不，不。我把孩子抚养成体面的、受尊重的人。她

55

们也同样带大了自己的孩子。[12]

这里有意思的是，不仅教会关于做礼拜的官方学说受到挑战，而且，还构建了一个附带了灵魂得救之应许的竞争性伦理体系。可以不必去上教堂，但仍不失为一个善男信女，并且在末日审判为自己申辩。此外，有些去教堂的人还可能被指控假道行。他们即便去上教堂也没法洗清这项指控。

这两项研究所阐明的是，人们不一定需要教会的赞许或实际上真的去上教堂，他们可以用一种自认为好的、可能是基督教的方式来构建自己的宗教信仰体系。换言之，我们可以假设，宗教信仰可以存在下去而不必要同时去上教堂，而且在某些例子中，宗教信仰竟然会很兴盛。与这个大众信仰概念相关联的是格雷丝·戴维的替代性宗教概念。[13]戴维论证说，人们也许不会上教堂，但他们仍然想要教堂存在下去而且发挥某种作用。人们对教会和牧师有某些预期，因此，当牧师在从事某些不那么基督教的行为时被报刊抓个现行，就引起一片哗然。有些人不认为自己是教会成员，或甚至不是虔信者，但仍愿承认教会。这些大众信仰和替代宗教的概念对分析西方世俗社会的宗教和文化身份是非常重要的。等我讨论中世纪时，尤其可以最清楚地看到这一点。然而，在此之前有必要看到，关于中世纪的讨论在世俗化主题的辩论中起着什么作用。

对世俗化主题所提出的一个批评，就是说它依赖以往基督教理想化了的观念。如果有教会归属人数大幅下降导致世俗化的想法，那么就一定要有一段出席礼拜的人数众多和支持教会的时期。被争议的时期即中世纪。论点就是，事实上中世纪不是人人上教堂，而且信教的人数极低。这是因为教士和俗人往往受教育程度很低，教堂分布得太稀疏，离乡村社区距离较远，而且一般人都不虔诚，漠视宗教。中世纪时期宗教信仰和实践若是很低，那么现在世俗社会中所发生的事情就不可能是从过去时代的衰落。这只是常态的继续。

关于中世纪宗教信仰和实践的讨论对于理解西方社会的世俗主义是非常重要的。我将在第五和第六章讨论这种情形是怎样的，为什么会如此。在讨论的这个阶段，应该提到两件事情。可以参照维多利亚时期来提出基督教在衰落的论点。可以与我们拥有的19世纪数据来进行重要比较。这一比较揭示出基督教实践的衰落。那么问题就是，从基督教信仰和实践来讲，维多利亚时期是否是中世纪的延续，抑或它自己就是个例外的时期。若是第二种情形，那么就仍有基督教的衰落，但是，这是从一个特殊的历史时期维多利亚时代开始的衰落，本身可能是例外的。若是第一种情形，那么这就是基督教的绝对衰落，而且极有可能其终点是基督教寿终正寝。

要注意的第二点触及布鲁斯所说的世俗化问题的核心。布鲁斯认为，导致世俗化的原因是在现代化之前后西方人的思维模式发生了改变。在现代化之前，人们生活在封建社会 57
中，这个社会是等级制的、以社区为导向的、传统的、不变的、虔信宗教的。他心里想的是中世纪的村庄。这些人是基督徒，他们生活于其中的社会与基督教很般配。基督教是占

63

主导地位的超自然世界观。不存在另一个有效的选择。向现代社会的转变是逐渐的。它大致开始于宗教改革时期。在那一阶段，个人主义的兴起是这一转变的例证。正如我们所讨论过的，其他社会变革营造了一种环境，把基督教实践和信仰排除在外靠边站。这些变革与工业化和城市化紧密相连。布鲁斯意图勾画的年代学顺序很难理解。后果就是宗教信仰的终结。行文至此，布鲁斯说得很具体。他指出，不管关于中世纪上教堂和基督教信仰我们可能说什么，很肯定的是，当时占主导的是一种超自然的世界观。整个中世纪，生活和社会是围绕着超自然的假设建立起来的。这样，世俗化就是人们的心态转向现代社会的心态了。这一论点的问题就在于对上帝的信仰还继续存在。布鲁斯认为西方思维模式的转变发生在中世纪和现在之间某个时间点，我们可能赞同他的观点。然而，这一转移并没有彻底根除掉上帝信仰。无论上帝这个词意指什么，无论它可否辨认为基督教的，都是对某种形式的超自然的信仰。换言之，西方社会中似乎有两套心态在起作用。一套是布鲁斯所确认的，在第二章中讨论过。另一套是一种持续存在的超自然思维模式，布鲁斯想否认它，但它反复出现在统计证据中。正是这种双重身份需要进一步的调研和解释。

美国的问题

涉及到宗教信仰和实践，西欧被描述为"例外情形"。[14]

这是因为各种宗教，尤其是基督教和伊斯兰教，是遍及拉丁
美洲、非洲和亚洲的重要社会文化势力。对我们的讨论很有
意义的是，基督教也是美国的一个重要现象。这一点所造成
的两难境地是，根据布鲁斯所确认的所有因素，美国是一个
现代国家。如果世俗化主题是正确的，那么美国就应该展现
出教会衰落的所有症候，如同在英国和西欧大部分地区明显
显示的那样。然而，情况却并非如此；有大约90%的北美人
报告说他们信上帝。[15]许多人更赞同基督教关于上帝的性质
和上帝与人类关系的正统教义。约40%的美国人报告说他们
一周上一次教堂，还有更高的人数一月上一次教堂。这与曼
（Mann）1851年宗教礼拜人口普查所确认的维多利亚高峰时
期不相上下。除了这高水平的宗教信仰与实践外，基督教在
美国政治文化生活中也有很显赫的地位。我们已经看出了
世俗主义者的担忧，他们怕共和党政府被右翼基督教派所主
宰，尤其是乔治·W. 布什，而且也担心总统候选人需要证
明他们的基督徒资质。如果说西方社会中有一种世俗心态在
起作用，那么它似乎绕过了美国。

　　这些高水平的基督教信仰和实践该如何解释？一个策略
就是质疑这些统计数据本身。这一方法有一定的合法性。美
国的教会并不报导高水平的上教堂人数。如果我们相信那些
对民意调查的回答，那么这些高水平的人数本该是显而易见
的。人们声称他们上教堂，而事实上他们待在家里。这本身
就是一个有意思的现象。北美文化身份中有某种素质，认为
上教堂是好事。再者，它质疑美国人上教堂的普及度。尽管

这么说，人数上的不符并不意味着美国的教会归属水平像西欧那么低。世俗化过程显然在美国要比在西方其他地区更慢。

布鲁斯运用两个重要的社会概念来解释基督教信仰和实践在美国那令人惊异的韧性。即文化防御和文化转型的概念。[16] 这些概念与种族特性紧密相连。布鲁斯认为，当一个种族群体觉得受到威胁时，种族认同就获得了一种新的、更明显的意义。假如宗教认同随着族裔认同的轨迹而来，情形就是如此。宗教认同经常这么做。例如，在南斯拉夫解体之后的暴力冲突期间，塞尔维亚族的东正教信仰和克罗地亚族的罗马天主教信仰变得非常重要。同样，因为各个族群间政治的分化，新教和天主教在北爱尔兰也很重要。文化转型的概念同样强调族裔性和宗教信仰之间的密切联系。布鲁斯认为，如果一个群体的成员搬迁到新的环境去，宗教认同对那个族裔群体是非常重要的。这通常特别适用于移民的情形。在一个新的、有时充满敌意的地方需要安全感的人，宗教信仰对他们来说是一种宝贵的文化支持。很显然，这两个概念适用于美国。在许多方面，美国是一个移民国家，始终有许多新的族裔群体定居和发展。这种现象有两种后果。早期移民群体觉得自己受到新群体的威胁，他们试图把自己的宗教和文化身份作为一种防御形式重新确立一遍。新来的移民群体用他们的宗教和文化身份慢慢挤进新的国家，并确立他们的地位。只有在他们定居下来，不再受到搬迁威胁或先来的移民群体威胁之后，他们才会开始放弃宗教忠诚，而且显露出世俗化的迹象。

从布鲁斯的分析中可以得出两个要点。第一点是他所描述的现象本来会在英国城市化的早期发生。其程度本来可能会更低，但个人和群体搬迁到城市寻求新的雇佣形式时，也会体验到移民群体的流离失所之痛。在这种情况下，我们会预期在现代化时期之初看到高水平的宗教信仰和实践。第二点是，现代化作为一种文化势力并不特别强健。改变了的心态有一种脆弱性，意味着它在危机时刻可以被放弃，或者至少可以搁置一旁。布鲁斯的分析似乎指出现代化思维模式的一种灵活性，必要时可以搁置一边，以满足更基础的安全需求。

美国基督教的问题把我们引向三个可能的结论之一。布鲁斯所提出的现代化主题很可能不是教会归属人员降低的解释。如果一个高度现代化的社会并没有变得更世俗化，那么就需要对西欧形势作出一个新解释。要么就是相反的情况，布鲁斯可能是正确的，而且这最终会变得非常明显。随着各族裔群体安顿下来，这个国家年龄渐长，宗教作为文化防御或转移的工具，对它的需求会减少。这种情形一旦发生，世俗化的正常格局就会出现。或者也可能我们不需要在现代思维模式和前现代思维模式之间二选一。很可能这两种思维模式可以并列共处。这样随后发生的就是，本地的社会文化因素很可能会把一种思维模式而不是另一种思维模式推到前台。这是今日美国的情形，其宗教议程（agenda）备受瞩目。在其他国家里，在历史的其他时期，一种更世俗化、更

67

现代主义的思维模式很可能更突出。法国强烈的反教权主义和世俗主义就是一例，它们对旧政权的保守主义反应激烈。同样，在苏共统治末期的波兰，罗马天主教也发挥了重要作用。还可以举出许多其他例子。这一阶段的重要一点是，不要接受世俗主义或宗教信仰的对立，这种对立隐含在由于新的不同社会条件而产生的变化了的思维模式这一概念中。这两种思维模式很可能会并列共存。

20世纪60年代基督教的坍塌

对布鲁斯的世俗化解释的最后一个挑战就是最近的和最根本性的。[17] 在某些方面，它讲述的故事与布鲁斯的很类似。社会剧变导致教会和基督教的运势急剧衰落。然而也有重要的区别。这次的关键时期是60年代，尤其是1963年，当时变化的社会格局，增长的自由主义和女性的革命性新身份导致上教堂的人数和对教会的支持急剧下降。有意思的是，尽管统计数据对论点具有关键意义，但在讨论中却不占主导地位。相反，卡伦·布朗（Callum Brown）想描述更宏伟的社会图景，为了这一目的，他需要利用口头证词和对大众文学的详察。然而，虽然他声称运用了后现代的方法，他的分析却还是以统计数据开始。

史蒂夫·布鲁斯虽然意不在此，但他对世俗化的描述却给人造成教堂运势呈现出线性的、逐渐衰落的印象。最高点是1851年，最低点就是现代。事实上，衰落不是这么简单的。宗教实践的不同指标展示出既有衰落也有增长的迹象。教会成员人数阐明了更恰当地被看作是衰落与增长的波浪形模式。教会成员人数从19世纪40年代增长到1904—1905年的顶峰。增长势头在1863年前都是快速的，然后放缓，或曰在衰落与增长间波动，直到20世纪早期。在20世纪开端和1950年间，教会成员人数有所下降；然而，这种下跌是渐进缓和的。出席礼拜仪式的人数显示出，在19世纪下半叶与20世纪 62 40年代间，略有下降。布朗推测，这种下降事实上可能由于更少人周日上两次教堂，因此不应被视作上教堂总人数的减少，或至多被看作略有减少而已。[18] 在20世纪上半叶，相对于在婚姻登记处，在教堂举办的婚姻次数仅略有下降，同时洗礼的人数竟然增长了，在主日学校注册的总人数也有增长。

衰落局面的主要例外是在战后。布朗指出，20世纪40和50年代"见证了英国自19世纪中叶以来所经历过的最高教会人数增长"。[19] 他写道：

> 在20世纪40年代和50年代前半期，有组织的基督教经历了自18世纪以来在教会成员、主日学校注册、安立甘教会坚信礼和长老会在其施洗过的信众中招聘人数最大的年度增长。[20]

群众复兴会议的流行说明了新的宗教氛围。比利·格拉厄姆（Billy Graham）的改革运动尤其证明了基督教的新文化。这些被自从维多利亚时代以来都未见过的频繁上门拜访和散发传单所支持。基督教突然如此受欢迎，原因何在？布朗论证道，停战后那段时期是传统主义和开支紧缩的时代。紧缩是战争的经济成本的后果。传统主义来自人们想回归战前社会状态的欲望。家庭价值观，也即家庭和虔信的重要性观念，尤其对于女性来说，又回到议程上来。这很可能是对战争结束和归国士兵的反响。士兵们在外时，妇女们离开家庭，代替作战的男人们在工厂和办公室里工作。而现在妇女们被公开敦促回归家庭，给男人们腾出地方，回报他们的勇气和受过的罪。

63

当我们看看故事的下一阶段时，布朗提出这一分析的理由就很清楚了。20世纪60年代期间和之后，基督教信仰和实践崩溃了。这场崩溃突如其来，布朗还指出，它是致命的。在所有宗教指标中，与基督教会有关联的人数都暴跌到历史最低点。这一崩溃有双重原因。它有一部分是社会变革的结果。20世纪60年代，主宰着40年代后期和50年代的传统价值观终结了，出现了以自由主义为特征的一个社会。在英国文化中，这一转变的标志是对劳伦斯的小说《查特莱夫人的情人》的审判。或许更重要的事件就是1967年堕胎与同性恋的合法化，1969年使离婚更容易的改革，以及60年代末70年代初激进青年文化的发展和学生骚乱。基督教教会受到传统社会崩溃所带来的极大冲击。

然而，更重要的是妇女运动的兴起。布朗论证说，维多利亚朝忠于教会的人数如此之高，一个关键因素就是占主导地位的虔诚妇女的概念。文学与社会中所呈现的女性的主要身份是好女人。好女人有道德、守规矩、信教；此外她还有个重要的社会角色。一个好女人能改造不走正道的丈夫或儿子。慈爱、负责、虔诚的女儿能拯救酒鬼父亲、赌棍哥哥或不道德的未婚夫。人们不断地告诉妇女，若要忠于自己的性别，她们就必须善良、信教，而这就意味着至少要上教堂。

20世纪60年代，这一切都改变了。第二次女权主义浪潮重塑了一个典型女性该是怎样的形象。布朗分析了女性杂志来证明这次转变。40年代和50年代，女性杂志假设女性应该在家相夫教子。20世纪60年代，新的出版物上市了，它们讨论女性生涯、浏览时尚、对娱乐感兴趣，坦诚地谈论女性的性爱问题。这些杂志认为，女性不再被关在家中，不再只有虔诚一条路。新杂志非常受欢迎。《家庭主妇》之类的杂志被《她》和《大都会》等杂志取代，这些杂志敢于让女性讨论社会问题，以及职业和性爱问题。

女性本色的这种转变对教会的影响是灾难性的。女性结伴上教堂，女性是洗礼、婚礼和主日学校的基础。女性不再支持教会是个巨大的打击。除此之外，还是女性向男人施压去上教堂。女性若是自己都不再上教堂，那么她们的丈夫就更不可能独自上教堂了。对教会的这一双重打击，其结果就是布朗所确认的，自60年代以来对教会支持的崩溃和基督教文化的坍塌。教会没能适应和吸引20世纪后半叶的新女性，因此快速衰落了。

卡伦·布朗对教会衰落的分析是对布鲁斯关于世俗化和

现代化的思想的一个重大挑战。在布鲁斯的理论中，没有给基督教在20世纪中叶令人印象深刻的复苏留出讨论的篇幅。在现代化的社会条件下，基督教本不该有能力增长。布鲁斯也没有关注20世纪60年代及之后对教会忠诚度的急剧下降，也未对这次下降中妇女所起的作用进行评论。尽管如此，布朗得出了跟布鲁斯非常相似的结论。他们两人都讲述到20世纪末，提出了一个主题来解释教会的衰落。两人都最后论述了对上帝信仰的弹性，以及人口的大部分都想自称为基督徒的愿望。再者，布朗的论述中没有一处移除了布鲁斯对理性思维模式的分析的价值。这个分析在某种方面把宗教信仰边缘化了。事实上，布朗所论证的正是我在上面得出的结论，65 其实这种理性的思维模式是很柔软的，当社会的或文化的因素很突出的时候，它很可能被搁置。这些因素可能是族裔的不安全感，例如移民美国，或者也可能是身份的重塑，如同女性在20世纪40年代和50年代所经历的那样。

结论

本章讨论的范围意味着它有助于提出总结性意见，对我们这项研究目前所达到的要点做一番总结。一开始，显而易见的是，史蒂夫·布鲁斯对世俗化讨论的贡献是巨大的。然而，这并不意味着我们必须赞同他的分析。事实上，我们还有一些重要问题未得到解决。首先，假如布鲁斯关于改变了的理性思维模式的说法是正确的，鉴于第一章的讨论，我们倾向于认为他是对的，那么这一改变是何时、怎样发生的？为了探讨这个问题，我们需要审视称作启蒙运动的时期。

其次，布鲁斯认为中世纪是超自然信仰的时代，而这与西方社会形成了对比。我们已经论证过，超自然信仰，尤其是对上帝的信仰，能够与布鲁斯所确认的理性思维模式共存。问题在于这种共存是怎样的？我们在描述流行的宗教和替代性宗教时就开始探讨这个问题了。这些思想本身触发了关于基督教身份本质的问题。基督教认同在多大程度上是静止的？我将在下一章探讨这个问题。我接下来将会提出，对中世纪宗教信仰和行为的研究将会促进我们对西方世俗社会的理解，尤其是关于流行宗教和替代宗教的概念。

卡伦·布朗的研究成果对布鲁斯的分析构成了实质性挑战。尽管我们最终都得出了教会衰落的相似描述，但我们得出结论的路径却截然不同。布朗有很坚实的统计和文化证据支持他对20世纪60年代的分析。他认为那个时代是理解教会归属和出席礼拜仪式之终结的关键时期。从布朗的成果中也可以清楚地看到，维多利亚时期本身是宗教活动的一个例外时期。跟这一时期相比，大部分时代都会呈现出教会衰落的格局。在本章中，我对布朗的研究的这一个方面没有进行详细探讨，因此，我将在第8章中做更进一步的探讨。但在这么做之前，我们将探讨基督教认同的问题。

66

第四章　普通人重塑基督教

67　　有证据清楚地表明，上教堂的人数和入教人数均有下降。同样清楚的是，大批的人仍说自己是基督徒，并宣称信上帝。从这些事实可以得出一个结论，基督教正在改变。这不是我们在第三章所看到的唯一结论。然而，很可能发生的是，普通人正在重塑基督教。他们正在构筑一个基督教的版本，不包括经常上教堂或正统的教义信仰。这种重塑暗示着基督教本身是变动的、不稳定的。

　　在本章中我将探索重塑这一概念。我将指出，基督教的历史始终是一部转型和重塑的历史。我们所描述为21世纪的一个现象，其实是教会生活中一个正常的部分。在历史上，基督教就是通过在不同的文化中被塑造和重塑而传播的。我的研究重点将放在早期教会上。其意图就是要证明，从基督教开端伊始，重塑一直是其生命的一部分。如果我们对基督教本体有这样一种动态的概念，就会讨论由此提出的一些问68 题，以及对此论点的一些挑战。本章将包括对这个问题的审视：即历史上的耶稣其人是否提供了一个稳定的平台，可在其上构筑基督教本体。本章也将讨论如果基督教是被社会塑造的，那么它如何成为社会的一个关键证人。本章最后以这场讨论结束：如果基督教没有稳定的、可辨识的意义，那么把一套思想或价值称作基督教的观念或价值又有何意义？

基督教的传播

基督教一直是一种传教的宗教。从它最早的日子开始，基督教就跨越国家和文化的边界。为了理解重新发明的过程，我们需要看看传教历史。有两个概念会促进我们的分析。第一个概念是范式转移（paradigm shift）。这个概念借自科学哲学，尤其是托马斯·库恩（Thomas Kuhn）的著作《科学革命的结构》。第二个概念是"持续文化适应"（ongoing inculturation），这是荷兰传教学家安东·魏瑟尔斯（Anton Wessels）所用的一个术语。[1]

大卫·博什（David Bosch）是20世纪末最杰出的传教学作者。他的代表作《改造传教》通过范式转移的概念探索传教历史。范式是把历史分成几个鲜明时期的手段。托马斯·库恩认为，认识到不同的历史时期有一些不同的主导性假设来引导科学思想，就可以对科学的历史进行分析。这些假设以范式为典型，控制着当时有效或真实的思想。当旧范式的假设不再能解释所观察到的大多数现象时，范式就会变化。而当旧范式的基本规则有太多例外，因此不能提供满意的解释时，它就崩溃了。在那一刻，一种新范式就取而代

69 之。新范式有一套不同的假设指引科学思想，直到它也不再能解释观察到的大部分现象。库恩相信他的范式分析适用性有限，只适用于自然科学的研究。他特别禁止将它用于科学史之外。然而，这并没有阻止其他学者认识到范式转移概念的价值，并也划分他们自己学科的历史。他们因此无视他的禁令。

孔汉思（Hans Küng）教授运用了范式和范式转移的概念来给基督教历史分期。他在描述范式意义时紧步库恩的后尘。范式是"某个特定社会成员共有的一整套信仰、价值和技术等等"。[2] 换言之，它是关于某个题目的一整套思考方法。它不仅包括所考虑的对象，也包括阐释对象的方法。当一个范式发生变化时，这个题目所意味着的一切也随之变化。在这个意义上，范式转移是无所不包的。它也是很罕见的。

大卫·博什受这个想法吸引：把基督教历史作为一系列的范式转移来理解，因此他运用了孔汉思的方法来研究传教历史。博什分析了六种不同的范式。它们是：原始基督教的末世论范式、早期教父时期的希腊化范式、中世纪罗马天主教范式、清教（宗教改革）范式、现代启蒙主义范式以及正在兴起的世界基督教大联合范式。[3] 我们没必要详尽讨论每一种范式。假如我们所说的基督教本体变动不居是正确的，那我们预期会看到早期教会历史中的一次范式转移。当基督教转移出其犹太语境，进入罗马帝国的希腊化文化之时，我们就看到这次转移。

第一次范式转移是从耶稣和第一批使徒的犹太语境转入早期教会的希腊-罗马世界。博什将它描述为从《圣经》时代的末世论神学转向早期教父时代的希腊化教会。[4] 这次转 移是根本性的。几乎可把它等同于创立了一门新的宗教。这是基督教的第一次转移，其后果是巨大的。博什引用了保罗·尼特的话来描述所发生的根本的改变：

> 这不仅是在教会的礼拜仪式、圣礼生活、其组织结构和立法的转变，而且是其教义，即对产生了教会的天启的理解的转变。早期基督徒并未简单地以希腊思想表达他们已经知道的东西，相反，他们通过古希腊宗教和哲学的灼见，发现了向他们启示的东西。例如，假如教会没有凭借从3世纪到6世纪的新的历史、文化局势来重新评估自己和它的教义，那么三位一体和基督的神性的教义就不会是今天这个样子。[5]

基督教不再是完全末世论的，不再由对历史终结的关切来主宰。它放弃了救世主立即重返人间的希望和上帝最后统治的开端。而是成了希腊化哲学的一种表述。它竭力聚焦在描述上帝的特性上。它寻求经由基督的人性从哲学角度来理解上帝与人类的关系。这是基督教本体的根本性转换，不仅是其组织，不仅是其仪式和习俗的转换，而且是清教的实际内容的转换。正是由于跟希腊哲学的相遇，才可能发现后来成为基督教正统教义的东西。它提出了一个有争议的问题：

那个历史上的人物，拿撒勒的耶稣，是否具有必要的文化的和知识的工具来理解基督教后来的表现形式。

新的希腊化基督教在哪些具体方面与其犹太前身不同？71 它对伦理和教义都产生了巨大影响。最早的基督教作家从保罗开始，都借用了希腊-罗马道德哲学家的材料。[6] 在教义上，早期教会运用了古希腊哲学的工具来塑造信仰和神学。基督教成为一种能够反思本质存在和自然的宗教，不太关注行动和历史。博什论证道："《旧约》和原始基督教的上帝后来与古希腊形而上学上帝的泛泛概念等同；上帝被称作最高存在、实质、原理、不被推动的推动者。本体论（上帝的存在）变得比历史（上帝的行为）更重要了。随着基督教转入希腊化文化，教义变得比伦理更重要。把登山宝训和尼西亚信经比较一下，就能证明这一点。博什写道："登山宝训概述了一种行为模式，而不具体诉诸一套戒律。登山宝训的全部要旨是伦理的；它缺乏形而上学的思辨。相形之下，尼西亚信经却是在一个形而上框架里构筑起来的，它发布了很多教义宣言，但对信徒的行为却不发一语。"

博什断言，这一转移是一种积极的发展动态。身份的变化给羽翼未丰的教会提供了知识的、尤其是哲学的工具。这些工具对于基督教从一个少数犹太人的教派发展成全球性的宗教尤为必要，尽管她依赖于西方政治帝国的命运。[7] 正是希腊哲学使教会有能力"从根本上理性地描述人类如何获得对上帝的适当认识，并将知识的严谨与对信仰的坚定结合起来"。确实如此。但是它带来了一个问题，拿撒勒的耶稣在犹太语境下创立的宗教，其实质还剩下什么？是否有某种可辨认的基督教的特质，与拿撒勒的耶稣有一脉相承的历史关系，抑或基督教成为某种新的宗教？

博什对这些问题的初步回答似乎暗示，基督教就其本质而言是反复变化的。基督教具有一种革命性质。博什指出，72 基督徒不必担心基督教在范式转移时期发生重大变化。理由是基督教在核心上是一种肉身化的宗教。神把自身沉浸在另一种语境中。在历史上，未受造的神成了一个完全受造的人。同样，教会也会进入新的语境和文化中。它不是作为一种卫生地与本地文化隔离开的外来异物，而是作为一个完全融合的社会成员进入的。论证至此，对博什来说，一个动态的基督教本体似乎是可能的。

然而，随着博什探索了基督教最初几个世纪的迅猛发展，他的立场变得更保守了。博什指出，我们现在称之为正统的胜利之所以可能，是因为肉身化教条所强加的限制。在与异教思想的冲突中，天主教占有优势：因为它既采纳了希腊化的思想形式，又保留了其犹太肇始的丰富记忆。教会得以抵挡那些意图使基督教更为犹太化的异端分子，即伊便尼派（Ebionites）和孟他努派（Montanists）；也抵挡了那些想使基督教更为希腊化的异端分子，如诺斯替教派（Gnostics）。当教会面对着异端派别的威胁时，它的反应就是坚持博什所谓"基督教信仰的最根本、最不可分割的成分：《旧约》的正典地位、耶稣的人性历史性、耶稣死后肉体复活"。换言之，尽管基督教由于重新定位而变成了一种希腊化神学，但它仍坚持一些核心成分，保护了它的完整性和本体。基督教尽管受到了全新本体的诱惑，但它仍然忠于自己的本质。希腊化的早期教会的基督教也许是一门新的宗教，但它仍然与拿撒勒的耶稣的犹太开端之间有可辨识的连续性。这种连续性不止是名义上的；它在塑造新宗教中发挥了作用。

73　　在这一分析中，博什承继了孔汉思的研究成果。正是通过持续性与断裂性范式改变了历史的作用。孔汉思认为，要理解神学发展的方式，我们就必须避免绝对主义和相对主义之间二选一，还要避免彻底的持续性和彻底的断裂性之间非此即彼的选择。他接着论证道："每一种范式的转变都同时表现出持续性和断裂性、理性和非理性、概念的稳定性和概念的变化，演进的变化和革命性的变化。"[10]这就意味着，不同范式之间的宗教和文化差异是显著的，但不是绝对的。从早期基督教传教的证据中可以很容易看出其根本的断裂。一种新的宗教成型了，它与拿撒勒的耶稣及其首批使徒的犹太身份距离颇远。从《使徒行传》中可以清楚地看到，许多非犹太人在文化上不乐意成为犹太人。教义的发展也更进一步表明，基督教从其犹太根源偏离得多远。但是博什与孔汉思指出，一定还有某种延续。对博什来说，历史上的耶稣这个人物就是一种重要的延续。更富争议的延续是基督的肉身复活。在这个问题上，博什讲述的历史像是世界上最好的历史，当前形式的基督教也是最佳形式的基督教，这是因为博什所讲是理想化的历史。博什提供了对基督教传播的历史描述，它最终成为对早期基督徒所作改变的努力的颂扬，如果改变是可取的，他们就努力改变；如果受到异端的威胁，他们就保持不变。这样的一部历史似乎是不可能的。它将一连串历史事件转化为理想的叙述。博什有助于证明基督教何以通过展示新文化和新社会的影响力而发生了根本性改变。然而，他的保守主义最终导致了一幅过于理想化的基督教传教史图景。在这一点上，安东·魏瑟尔斯的研究很有裨益，他提供了一幅更完整的图画，展示了基督教在范式转移时会发生什么。

基督教持续的文化适应

安东·魏瑟尔斯曾任阿姆斯特丹自由大学的传教学和宗教学教授。他写了一部专著《欧洲：它何曾真是基督教的？》，以调查基督教最初是怎样进入欧洲文化的。一种文化接受了浸礼和其他宗教仪式，包括在某些日子出席弥撒，此时它就成为基督教的了。[11] 根据这一定义，英国、法国和德国的大部分地区在公元750年都皈依了基督教。魏瑟尔斯探讨了基督教是如何传播的。他的中心思想是"持续的文化适应"概念。这个概念描述了基督教这一新的宗教与业已存在的本土信仰和文化相融合的方式。魏瑟尔斯怀疑人们接受基督教的深度。他论证道，即使到了宗教改革时期，基督宗教仍是北欧的一层"薄薄的虚饰"。他甚至无法确定是否可能合理地谈论中世纪基督教。[12] 我们的问题是，关于基督教的早期传播，是什么使魏瑟尔斯得出这些结论？

魏瑟尔斯确认了基督教传播的两个过程。这两个过程出自理查德·H. 尼布尔对基督教和文化之间关系的分析。它们是文化废除者基督和文化改造者基督。[13] 前者——文化废除者基督，意在描述基督教怎样进入一个文化并扫除掉所有先前的信仰体系。基督教用一套新的信仰、仪式和实践取代了被征服的文化。为了举例说明这一点，魏瑟尔斯讲述了波尼法斯如何在公元724年砍伐了一棵献给多纳尔（Donar）的老橡树。波尼法斯想证明土著的前基督教信仰体系是错误的。"当巨大的橡树轰然倒地，而波尼法斯却毫发未损时"，他就成功了。结果"异教徒承认了基督教的上帝法力更大，蜂拥而来接受洗礼"。[14] 这同一过程的另一个例子取自图尔的马丁（约公元316—397）的传记。马丁行遍勃艮第，到处摧毁庙宇，砸烂偶像，砍倒圣树。图尔的格里高利（约公元539—595）在其《法兰克人史》中，描述了他的前辈马丁是怎样"像个真正的偶像破坏者一样"造访异教庙宇的。这是基督教发展壮大的一种方式。

然而，作为文化废除者的基督这个模式，并非魏瑟尔斯主要关注的。他对另一模式，即文化改造者的基督，更感兴趣。魏瑟尔斯相信，这就是流行更广、更成功的基督教方式。在这样的方式中，基督教接过本土先前的宗教，把它改换成基督教。本土宗教被采纳，然后被改造。这一过程的一个早期例子，就是伟大的教皇格里高利对英国男修道院院长奥古斯丁的传教指令。在可敬的比德（Venerable Bede）的

《英吉利教会史》中，保留了一封来自教皇格里高利的书信：

> 当全能的主引领你见到我们德高望重的兄弟奥古斯
> 丁主教时，请告诉他我本人长期以来所考虑的有关英吉
> 利事业的想法。也即，不应该破坏这个国家中偶像的庙
> 宇，而只应该砸毁里面的偶像；制作圣水并将之洒在庙
> 宇的周围，竖起祭坛，摆上圣物。因为那些庙宇若是建
> 造精良，就必须将它们从崇拜魔鬼的地方转变成供奉真
> 天主的地方；好让彼国国民看到他们的庙宇未被摧毁，
> 从而消除心中谬误，得以认识与敬拜真天主，可以经常
> 到他们业已熟悉的庙宇。[15]

教皇格里高利允许前基督教的宗教场所改造为基督教教
堂。他如此行事，就启动了一个创新与熟悉的双重过程。新
事物是终结偶像崇拜和强迫接受基督教的上帝。不变的至少
是宗教仪式的地理位置。这就出现了一个问题：保留位置
和建筑能否保证宗教信仰的持续性。礼拜场所是如此为人熟
知，这门宗教会有多新呢？一门新的语言和实践被介绍给了
本地人口，但他们拥有的弄明白新宗教的工具却是建筑在旧
教的框架之上的。

魏瑟尔斯把这种吸纳与改造的过程称作"持续的文化适
应"。问题在于，如果基督徒们采纳和改造了一个先前的宗
教文化，这对他们的信仰有何影响？基督教也因这种相遇而
发生变化了吗？魏瑟尔斯审视了历史上基督教传播的三个时

76

期，以图解答这些问题：希腊-罗马语境、凯尔特本土化以及日耳曼世界。我将主要探讨三个例子，以说明基督教在希腊化世界的传播过程中前基督教信仰和基督教信仰的合并。

我们研究的第一个领域是人们对耶稣基督这个人的信仰以及前基督教时期对俄耳甫斯的理解之间的关系。我们看到的是，在基督教和前基督教信仰之间有一种鲜明的连续性。魏瑟尔斯指出，"古希腊-罗马世界的教会对于把俄耳甫斯与基督联系起来没有丝毫问题"。俄耳甫斯在古希腊神话中被描绘为歌手和诗人，他能用歌声让人类、动物甚至无生命的自然着迷。俄耳甫斯几乎能够把他的亡妻欧律狄刻从冥府拯救出来。不幸的是，俄耳甫斯在离开冥府的路上回头看了一眼，因此永远失去了欧律狄刻。魏瑟尔斯论道，基督徒们采用了救世主歌唱家的主题来描绘基督。亚历山大里亚的克莱门谈起耶稣，把俄耳甫斯比作基督的歌手，虽然基督更胜一筹。[16]该撒利亚的尤斯比乌斯（Eusebius）谈到"俄耳甫斯向野兽施魔法，就如同基督向冥顽的罪人施法一样"。魏瑟尔斯接着说："一方面，有些辩护士倾向于把俄耳甫斯描述成'异教徒的导师'，而在其他方面，俄耳甫斯被描述成'前基督教时代的智者'，他与生俱来就得道，并宣称'唯一的上帝和他的基督'。"然而，比这些偶尔的比较意义更重大的是魏瑟尔斯所述的"基督徒所采纳的俄耳甫斯信仰"。尤其有意思的是他们采纳了好牧人的熟悉主题。

在希腊化世界，人们理解基督的一个方法是把他想成他们已知的俄耳甫斯。因此，我们在地下陵墓里发现，耶稣基督人身被展示为一个牧人、一个导师和歌者俄耳甫斯。也有这样的情况，在早期基督教艺术中，俄耳甫斯被理解为基督的预示，在很早的阶段就被看作"救世主"基督的象征。这类牧人在"好牧人"的概念之先。[17] 在早期基督教文学、礼拜仪式和艺术中，"好牧人"是基督的意象。这个主题有两个意义。首先，好牧人是拯救的比喻，好牧人为羊舍命。其次，还有更田园诗般的概念，牧羊人照料他的羊群："'好牧人'、'年轻无须'、'肩扛一只羊羔'，这样的描述可以追溯到前基督教时期的石棺艺术，成为圣经内容的喻体"。魏瑟尔斯论证说，是"古希腊神话创造了首批殉道士坟墓中的装饰元素"。[18] 这里不仅好牧人的主题才是重要的。俄耳甫斯的名字源于一种鱼的名称，"在基督之前第三或第四世纪的一个酒杯上，俄耳甫斯被描绘成'得人者'。在可确认是来自福音故事的语言中，俄耳甫斯"被称作'捕人的渔夫'，他打捞如鱼般生活在水中的人，这些人转向光明"。魏瑟尔斯得出结论，认为得人者这个主题是早于基督教的古老主题。基督徒们采纳了这个主题，并赋予其基督教的神学意义。那么随之而来的问题是，基督教在采纳了俄耳甫斯信仰之后，在多大程度上被改变。

　　俄耳甫斯只是魏瑟尔斯所列举的前基督教思想和信仰中 78 的诸多例子之一。这些思想和信仰塑造了展现给希腊化世界的基督教的形式。在这里没必要全部列出，魏瑟尔斯的书中有详细介绍。这些例子牵涉到印度-伊朗神密特拉（Mithras）和撒克逊女神奥斯塔拉（Ostara）。

　　在伊朗，密特拉神从神的等级上不断上升，他起初是契约神，后来成了曙光神，再后来成为太阳神，生命之神，最后成了"无往不胜的战神"。[19] 战神密特拉在罗马士兵中特受欢迎，因此对这一神祇的崇拜传遍了罗马帝国。公元270至275年间，奥勒良皇帝（Aurelian）在罗马推出了密特拉神节。密特拉现在是不可战胜的太阳神，取代了朱比特，成为宫廷和帝国之神。不可战胜的太阳神节在12月25日，是儒略历的冬至日，被认为是太阳最重要的日子。[20]

　　基督和不可战胜的太阳之间的关系一目了然。魏瑟尔斯指出，在这个日子庆祝基督的诞生，源自约公元336年之后的罗马教会。他接着论证说，"从很早开始，基督就被比作太阳，尤其是升起的太阳"。福音书所讲述的撒迦利亚赞歌中，基督被描写成"黑暗中照耀的光"。基督被宣布为"新的光"、"真正的、唯一的太阳"。"基督也是一颗冉冉升起的正义的太阳"。这个口号过去被用来让信众皈依不可战胜的太阳。众所周知，在基督教皇帝康斯坦丁的拱门上有不可战胜的太阳神的画像。魏瑟尔斯声称，曾经发生过的可能就是，前基督教的信仰和价值观给教会对耶稣基督的理解增添了新的维度。最起码，在圣经文本中没有一处表明拿撒勒的基督是在12月25日出生的。再者，基督教的圣日不是安息日（Sabbath）而是星期日（*dies solis*）。魏瑟尔斯报道，基督被称作'太阳'、'真正的精神太阳'、'复活的太阳'、'正义的太阳'和'如上天照下的光一样'被企盼的救世主。"[21]

　　在罗马圣彼得大教堂的地下陵墓中，太阳基督被描画成从冥界升起，飞往天父。魏瑟尔斯更进一步论证，密特拉是秘密崇拜的对象，而古代的礼拜仪式的一部分，就是纪念为了世人自我奉献的神而举办的圣餐。魏瑟尔斯接着试图在圣餐、洗礼和希腊化世界中的神秘崇拜间建立某种联系，尽管这些联系并非证据确凿。基督教最初传播进希腊化世界之后，它吸收本地前基督教宗教并将之转变成基督教信仰和仪式的过程仍然继续下去。魏瑟尔斯审视了基督教时代最初几个世纪里基督教在凯尔特和日耳曼世界里的传播。在此没有必要重述魏瑟尔斯所有的论点和数据。但审视一个重要的历史和神学的例子，给魏瑟尔斯的研究所提出的议题提供例证却是可能的。

魏瑟尔斯提到，跟法语和荷兰语不同，在德语和英语中"复活节"这个词跟希腊语 *pascha* 一词没有关系。对此的解释是，复活节的名称也许来自撒克逊女神 Eastre 或 Ostara 之名，即"彩蛋与春天女神"。[22] 魏瑟尔斯写道：

> 可敬的比德报告说，在英语中，4月被称作"伊奥斯特月"（Eoster-month）。奥斯塔拉被看作是冬天长期的死寂之后自然复苏的女神。她的节日现在成了基督教的复活节。过节时人们吃彩蛋，基督徒们保留了这个习俗。彩蛋成了基督复活的象征。四处送彩蛋，点燃复活节之火，还有找彩蛋的习俗，都来自这个女神的节日。也许这一习俗可以追溯到为了丰产而把彩蛋埋在田野里的做法。[23]

80

魏瑟尔斯继续论证说，奥斯塔拉节是如此流行，人们都没有意愿废除它或把它妖魔化。相反，早期的基督徒直接把这些仪式拿过来，用基督教的新话语重新描述。问题就是在这一过程中，基督教发生了什么。在吸收的过程中，基督教在多大程度上被重新描述？在某个层面上，新的基督教信仰给了旧的女神宗教一种新意义。然而，与此同时，由于保留了跟女神崇拜相关的仪式，保存下来的女神信仰也会影响人们对基督教的理解。通过与奥斯塔拉的联系，基督教变成了一种新生和生育的节日。这与 'paschal' 的诸种联想义既相似，又很不同；即由献祭获得新生。可以想象到，有一个双重过程在起作用。人们可以接受耶稣基督替代奥斯塔拉，只要基督能出色地履行同样的职能，而且出于政治、社会或宗教的理由，这也是权宜之计。假如交换或埋下了彩蛋，耶稣基督就会保佑庄稼生长，假如拜奥斯塔拉现在是非法的了，那么还死抱着旧教不放就没什么意义了。沿着这种实用主义的思路，可以想象，采纳了与奥斯塔拉相关的仪式是怎样助力新的基督教传播的。人们试图弄明白基督教以及对上帝和上帝与人类关系的新理解之时，旧信仰和旧实践会是理解的一个工具。对有些人来说，可以想象转信基督教的关键是新神基督的法力和成功都胜过旧女神。但新神耶稣干的是跟奥斯塔拉同样的事，也是以同样的方式被理解。在这些情形中，基本的或核心的东西几乎没变，只是信仰的外衣变了。更有甚者，对多数人来说，信仰的延续是至关重要的。正是循着这一途径，我们可以从新的基督教中得出意义。

我们该如何评价魏瑟尔斯的著作呢？第一是注意他的　81
言说的涵义。魏瑟尔斯认为，基督教传播的过程意味着基督
教没有静止的、根本的本体。基督教并不总能清除掉本土信
仰。在前基督教信仰很流行、很顽固的时候和地方，基督教
就吸收了本土信仰。此外，这些前基督教信仰改变了对基督
信仰的理解。在人们不得不要弄明白基督教信仰的地方，他
们利用了熟悉的宗教思想，赋予新宗教以意义。基督教是一
种动态的宗教，它在西方的成功传播，部分原因在于它改变
和适应的能力。同样重要的是，要注意到这是一个普遍流行
的过程。我们在此所描述的，是普通人是如何转信基督教
的。他们被要求弄明白新的信仰、仪式和习俗。他们利用自
己所熟知的宗教语言来弄懂基督教。这不是指导致新的学术
出现的智识的、神学的或哲学的演练，弄出新的学术成果；
这只是实用性的采纳与改造基督教，或用我们先前所用的术
语来说，基督教在传入新文化时被重新创造。

　　这就产生了一个当代的问题：基督教本体的灵活性的限
度是什么？任何声称是基督教的事物实际上都如此吗？魏瑟
尔斯在书的结尾简要地考虑了这个问题。他的回答是"否"，
因为最近德国基督教徒兴起的经验。他们散布一种种族主
义的、民族主义的宗教意识形态，这就意味着他不相信他们
是基督徒。基督徒认为可以接受的事物边界有一道伦理的界
限。欧洲当下的仇外情绪有南斯拉夫解体为证。这种仇外情
绪重复告诉我们，太轻易地接受无界限的基督教身份是危险
的。魏瑟尔斯写道："从基督教观点来看，对自身文化认同

的合法辩护和提高，在任何情况下都不可变成非普世化的，不应成为对整个有人居住的世界社会福祉的威胁。"[24]然而，我们有理由认为，这一切都说明，魏瑟尔斯将自由伦理价值纳入他的基督教中。不存在决定基督教的认同的基本标准，这使得魏瑟尔斯对基督教认同的解释比国家社会主义者的解释多少更令人信服。魏瑟尔斯的论点从历史转向哲学，同时又可理解地未曾开始讨论伦理相对主义的复杂问题。他的回答说明了道德如何成为基督教认同问题的决定因素。我在下面将回到这一问题。在这么做之前，我将审视对持续适应和基督教本体的流动性的两套反对意见。

历史上的基督

魏瑟尔斯的论点颇具争议。基督教没有一成不变的特性，该教的本土表达是由普通人构建的，这一思想挑战了根深蒂固的关于神学本质的假设。许多人会争论，基督教一定有某种核心的或本质的成分，赋予它特性。有些人声言，基督教内部特性的延续性就在拿撒勒的耶稣的历史生平中。博什暗示了这一点，他提出，基督教特性的三个本质成分之一，就是"耶稣人性的历史性"。这仅仅意味着，正统基督教断言拿撒勒的耶稣是个历史人物，藉此抵挡其反对者。然而，除非某些事件可以归于这一历史人物的生平，否则这种断言就是空洞的。因此博什的表述中暗含了一个想法，我们可以从圣经的证明中重新找回和理解拿撒勒的耶稣生平中的某种东西。关注寻找历史上的基督的圣经学者，其使命是调查这东西是什么。

关于寻找历史上的基督，可以说两点，与我们关于基督 83 教身份的讨论相关。第一点是，如果假设我们关于历史上的基督所知道的一切都是作者或编辑虚构的，不免太过牵强。要论证拿撒勒的基督并不是一个历史人物，我们并不真的了解他，这会是非常困难的一件事。但同时，我们必须承认，关于基督的言行，我们只有很有限的共识。约翰·多米尼克·克罗桑（John Dominic Crossan）写过一部研究历史上的基督的力作。他在开篇就强调拿撒勒的基督具有多重身份的问题。克罗桑称，学术界有"数位能干甚至卓越的学者，写出了大相径庭的基督传记。"[25] 克罗桑引用了1986年8月6日丹尼尔·J.哈灵顿（Daniel J. Harrington）在乔治敦大学所作的天主教圣经协会主席演讲。克罗桑写道：

在后面一篇文章中，他"简要地描述了近年来学者所提出的七种耶稣不同的形象。它们之间的差异与不同的犹太背景有关。学者们各选一种背景来设置历史上基督的形象"。其中有S. G. F. 布兰敦（S. G. F. Brandon）的政治革命家形象（1967）、有莫顿·史密斯（Morton Smith）的魔法师形象（1978）、有吉扎·魏尔姆（Geza Vermes）的加利利魅力领袖形象（1981，1984）、有布鲁斯·齐尔顿（Bruce Chilton）的加利利拉比形象（1984）、有哈维·福尔克（Harvey Falk）的希列派或原始法利赛形象（1985）、有哈维·福尔克的古犹太苦修派教徒形象和E. P. 桑德斯（E. P. Sanders）末世论先知形象（1985）。[26]

这倒并不意味着所有这些形象在圣经学界都是同等可信的，尽管是受尊敬的学者所撰写。正如克罗桑自己所指出的那样，这就意味着"不可避免地质疑"研究历史上的基督是一个安全之所，搞神学称之为历史，写自传却称之为传记。上述这一切当然不会阻止克罗桑给有关历史上的耶稣的文献添砖加瓦，或声称自己的著作已臻至善之境。他辩称，因方法严谨，自己的著作更富有历史真实性。他认为，他的研究方法避免了"寻章摘句"，他相信正是"寻章摘句"造成了繁多的耶稣身份。克罗桑所用的方法极为复杂，牵涉到社会人类学和希腊-罗马史以及详细的文本批评，尤其是对时间先后、出处和立证宣誓的频率做判断。他著作的第一二部分审视了耶稣在生时代的社会、文化、宗教、经济和政治历史，大部分基于约瑟夫斯的著述之上。第三部分专论环绕着拿撒勒的耶稣的事件，这部分很有争议，因为其相对而言高度依赖正典外的出处，如《多马福音》，还因为它特别突出《Q口传福音》。略为浏览一下环绕克罗桑著作的第二手文献，就能表明我们远未达成关于拿撒勒的耶稣的言行的共识。很可能在未来某一时刻这些争议会得到充分的解决。我们可以提出一整套核心的可归之于耶稣的教诲和行动。这些教诲和行动可以形成一种固定、持续的基督教认同的基础。但要达

84

到这样一个高度，我们也许需要做出迄今难以想象的发现。在此之前，对历史上基督的寻找不会使我们更接近解决不同基督教身份问题的方案。事实上，若说它起过什么功效的话，就是产生了历史上基督的多种版本，使问题更棘手。

可能的情况是，即使拿撒勒的耶稣的身份不能确切地定下来，但所有基督徒都有一个信念，即"耶稣是主"。像这样一句简单的陈述将会成为团结的焦点。同样，相信教会的重要性或天启对基督教信仰的中心地位，应该能提供一种所有基督徒共享的核心信仰。然而，即便是这个思想也有问题。邓尼斯·宁哈姆（Dennis Nineham）教授的研究凸显了这些问题。宁哈姆研究了10世纪法兰克人的基督教信仰和实践。他的目的是要考察我这个问题，即，宗教在不同的文化和历史场所中会发生改变吗？他的结论是明确的。宁哈姆辩称，"基督徒"和"基督教"这两个词的意义随着社会、历史和文化的不同而有很大差别，甚至可以描述不止一套宗教信仰了。[27]

"耶稣是主"这句简单的陈述就说明了个中原因。10世纪的法兰克人过着一种掩蔽的、短暂的和野蛮的生活。他们往往居住在一个地方——他们家乡的小村庄里，遭到各种他们无法控制、无法理解的力量的打击。疾病频发，危及生命。庄稼常常歉收。饥饿甚至饥荒随之而来。他们往往被课以战争税，战争的目的和起源他们不得而知，无法理解。他们甚至要应征去作战。

10世纪法兰克人的封建社会等级森严，天高皇帝远。

万一要觐见君主，唯一的途径就是通过本地的贵族或乡绅。但是土豪劣绅也可能强行征税，或抓壮丁去为国王打仗，骄横跋扈，野蛮残忍。一个领主往往会降临村庄，要求纳税或抓壮丁。村里的农民不了解导致需要更多的钱或士兵的经济力量或政治事务。这就意味着当10世纪的法兰克人想到"主"这个词的时候，他们想象的是一个喜怒无常、危险、残忍和可怕的形象。要请主息怒、乞求他开恩，或躲避他。碰到主通常都会有什么坏事发生，即某种惩罚。

这就意味着，当我们把耶稣称作"主"的时候，这个有意义的形象就是一个可怕的人物。这是一个会审判和惩罚的人，必须安抚他，以免遭到最可怕的诅咒。说"耶稣是主"是召唤出一个残暴、恐怖的人的形象。他能给人施加痛苦，他的行事方法神秘莫测。宁哈姆随后拿20世纪的西方福音教派来做对比。他们也宣称相信耶稣是主。但他们所说的完全是两码事。对福音派信徒来说，耶稣是个私人朋友。他是向导，是安慰，甚至是神圣的、精神的爱人，耶稣的主的形象是温暖和慈悲。"主"意味着亲密的、个人的、爱的关系，是救世主朋友。与10世纪法兰克人的主相比，差别再鲜明不过了。同一个词语，意义竟截然相反。这个例子的意义就在于，即使用了同样的词语，希望它为基督教提供持续性，可事实上人们讨论的还是不同的身份。

这一论点跟魏瑟尔斯的十分相似。重要的是新宗教被接受的方式。这可能意味着新宗教如何与先前的宗教信仰和实践相关联，也可能指在具体的社会和文化场景中意义是如何制造出来的。在两种情形中，当文化和社会不同的时候，因为它们必定是不同的，那么新宗教语言的意义或比喻也将改变。

倘若情形确实如此，那么正如我指出的那样，基督教以某种方式适应了它所进入的文化，这就出现了一个问题：基督教怎么能够是反文化的？这也就是说，基督教作为一套信仰和原则，如何挑战它身处其中的社会的主流价值观？莱斯利·纽比金（Lesslie Newbigin）主教在传教界提出了这个尖锐的问题。这也是其他神学和哲学学科——其中重要的一门就是伦理学——讨论的焦点。纽比金大半生都在印度从事基督教传教工作。他退休之后回到英国，为所遭遇的社会大感震惊。这使他撰写了一系列的书从基督教观点来批判西方社会。他论证道，基督教必须有个能超越文化的核心特性。这个核心特性即福音中的神旨，它挑战社会，尤其是西方社会。纽比金支持核心基督教特性的历史论点禁不住推敲。但他的著作却提出了一个问题：假如基督教本身是与文化结合的产物，它又怎样才能挑战那个文化？批判性的声音来自哪里？ 87

在这个问题上，重要的是必须注意到，存在着不止一种基督教的表达。从使徒保罗的时期开始，基督教就曾有过多种特性。这一点为人熟知，它本身并不意味着不存在核心的基督教特性，它是这一信仰的不同表达的一部分。然而它确实意味着基督教有可能吸纳不同的形式。在自由派新教和黑人五旬宗之间，在非洲五旬宗和拉丁美洲罗马天主教之间，都有明显的差异。美国的右翼南方浸礼会教徒与大部分英国安立甘会教徒相似之处甚少。这些差异不仅仅是民族和文化之间的差异，也是文化内部的差异。基督教能够整合和改造一个社会的不同文化的不同方面，也能为其所改造。这可能导致一个文化中的先知性基督教声音。但这不是在文化上中立或独立的基督教对一个社会的价值和原则的评判。相反，这是某种形式的基督教，它与少数人的文化整合之后，批判这个社会的主导文化。这个主导文化往往有自己的基督教辩护士。因此，一个社会的基督教先知性的批判可能会变成一场内部的神学争论，以及政治和文化的冲突。类似美国的民权运动很好地说明了这一点。但是，布什执政时期的教会对自由派中间偏左的批判也是如此。这是一种在文化上整合了的基督教批判一种并非属于它自身的文化。与纽比金的论点相关，它意味着不必有一个独立的基督教身份也可以批判一个社会或文化。事实上，经常发生的是，基督教能够与一个少数人文化结成同盟，从而认可那个文化的政治。

探寻历史上的耶稣是试图清除历史所设置的障碍，试图填平我们与异文化、宗教、政治和社会准则之间的鸿沟。这是调和不和谐语言的努力，好使我们明白原初的意义，即使那是在我们无法想象的时代和地方的言行。这种探寻的危险是，它把听者，即新故事的接受者，降低到零的角色。它并不假设存在着一个文化、宗教或语言的框架，新的信息被输入这个框架之中。但实情从来不是如此。一套新的信仰或价值的接受者总会把他们听到的与他们已知的作比较。更有甚者，他们会利用他们先前的知识来弄明白传过来的新信息。正是在这种创造意义的过程中，新信息是通过旧耳朵听到的，这保证了历史上基督教本体的流动性。当希腊化世界的人听到耶稣，他们会自问，作为理解的一种工具，这使我们想起了谁，我们已经知道的谁可以帮助我们弄明白这个神秘人物？安东·魏瑟尔斯对这种制造意义的过程进行过细究。正是他的持续融合思想表明，基督教越过了民族和文化的边界之后，是怎样被改造的。传教是通过一种吸收过程进行的。它吸收本土文化中有韧性的东西，把它转变为基督教的信仰和实践。当这种情况发生时，基督教本身也被改造了。这一过程的工具是普通人。是普通人重新发明了基督教。他们在基督教信仰最早的时代就这么做了，今天还在继续这么做。

第五章　中世纪的上教堂和朝圣

89　　在本章和下一章，我将探讨中世纪基督教的信仰和实践。目的是加深我们对西方世俗社会中宗教认同的理解。我将提出，在很重要的一些方面，当代社会的宗教生活是回归中世纪的基督教信仰和实践。这一论点的一个例外是基督教作为中世纪的科学技术所发挥的作用。这个作用被世俗自然科学，尤其是医学科学，所取代。但在其他重要方面，中世纪所发生的事情今天在西方社会里正在重复。这样，中世纪就为当代宗教生活提供了宝贵意见。

　　有一种挥之不去的看法认为，西方历史不可阻挡地朝着日益高涨的世俗主义前进。这种历史的讲述以希腊和罗马诸神的粗糙拟人观开始。这种观念发展成神学上和哲学上更成熟的一神论。朝人文主义的转向与文艺复兴同时发生，继之以启蒙的胜利。在启蒙时期，科学思想和理性把宗教的古老
90　迷信一扫而光。科学与理性的最终胜利仰仗教育，而在今日的西方则日益依靠自由派人士抵抗宗教保守主义者政治权力的能力，不管这些保守主义者是基督徒还是穆斯林。在本书

中，我主张人类宗教史的一种不同讲述。我们不应该从线性的进步观来思考，而应该从高峰和低谷的交替来思考。历史上曾有过宗教的剧烈活跃期。我强调了维多利亚时代特别重要，但宗教改革是另一个明显的例子，基督教早期传播也是同样的例子。然后就有平衡或平静期。中世纪末期的教会是平静期的一个例证，当代西方社会也是。这并不意味着没有什么宗教事件发生，显然是有许多事件发生，但这不是宗教剧烈活动期那种戏剧性或普世的现象。换言之，平衡是回归常态，人类以一种典型方式操办其宗教事务。危险在于我们把这些回归宗教常态的时期解释成某种新事物——例如世俗主义或某种腐败，例如宗教改革前的教会。这样一种解释要求我们相信当代西方人特殊的漠视宗教的现状。古往今来，人们在信教方面都是一样的，从这个前提出发，这一点更直截了当。从本质上来说，他们都是以同样的方式去信教和行事。地方语境以及社会和政治运动会给这幅图景增添一些色彩。但总体而言，人的变化不是如此之大，以至于从信教到把宗教抛在脑后。我们的任务是把相配的时期互相比较。

　　本章将探讨当代西方和中世纪西方比较的两个重要领域。第一是颇具争议的上教堂问题。中世纪上教堂有多普及？有人主张这几乎是一个普遍现象，而另一些人则认为不频繁。问题在于证据的争议性。我将在下文检讨这个问题。第二个问题是，在中世纪社会中超自然信仰的位置。对那些主张当代社会是世俗社会的人来说，信精灵魔鬼的人大大减少，这是他们理由中一个根本性的部分。这就意味着我们需

91

99

要探索中世纪对超自然世界的信仰所起的作用。

要理解中世纪基督教信仰的范围和本质，困难在于，这是历史学家中有争议的一个领域。关键问题是宗教改革之前教会的状况。传统的描述认为，那时的教会是一个弊病丛生、急需变革的教会。教士们都愚昧无知、缺乏教育，经常不在自己的教区或主教辖区，而且很腐败。富裕的主教们在宫廷里争宠，而收入微薄的助理牧师则忽视了教民的精神的或牧灵的福祉。地方牧师除了少数令人尊敬的例外，都说不出主祷文作者之名，也不懂他们每周做弥撒时说的拉丁文，也背不出摩西十诫。身兼数职，即获取几个教区或主教辖区的职位，这种做法很流行。政治手腕，而不是虔信宗教，是在教会内得到提拔的捷径。绝大多数平信徒都很迷信，目不识丁；由于教士完全不懂基本的基督教教义，这种状况并不令人惊奇。大众基督教、异教和巫术之间的界线模糊至极，以至于不清楚谁在哪里开始，谁在哪里终结。

每个人都上教堂，这本身未必是件好事。教区居民可能会酗酒，或跟邻居斗殴，飞短流长，谈恋爱或偷情，做买卖，安排斗鸡，或更令人惊奇的是看斗鸡，有哪个布道师胆敢叫大家注意听讲，就会被听众起哄。事实上，中世纪的老百姓似乎决心在教堂里什么都干，就是不干他们本该做的事：崇拜上帝。教士们站在教堂的东端，脸背着会众，中间有一道圣坛屏隔开，嘴里嘟囔着拉丁文弥撒祷文。会众们通常只在复活节接受圣餐，而且只有圣饼。会众们被要求旁观但不必参与仪式，不管是他们还是举办仪式的教士们都不解

个中奥妙。到了16世纪，这样一个教会急需神学和精神上的　92
改革就不足为奇了。宗教改革从德国肇始，遍及全欧。

　　尽管这是宗教改革前教会的传统形象，但最近却出现
了一些值得注意的翻案成果。开风气之先的是伊蒙·达菲
（Eamon Duffy）及其扛鼎之作《拆毁祭坛》。[1] 达菲等学者
指出，我们继承了15、16世纪大众灵修的一幅虚假图画。事
实上，基督教在社会的所有阶层都充满活力和意义。僧俗比
我们通常所想象的更有文化，通过布道和祈祷文本，百姓拥
有塑造他们人生的信仰。人们情愿做出去朝圣的牺牲，有时
候要牵涉到长途和危险的出国跋涉，他们每周、有些情形下
甚至每日都出席弥撒，是其忠诚的支持者。他们向圣人祈
祷，敬拜圣物。亨利八世的英国宗教改革并非期待已久的大
众复兴，将一个腐败可鄙的教会扔在一旁，而是一些政治和
神学精英从上而下强加的。宗教改革前的礼拜仪式在英国
都铎王朝中后期继续存在，见证着中世纪基督教在英国民众
中的重要性。各教区要么抵制一个公认软弱的中央政府，要
么只是在最后一刻迫不得已才推出改革。最近学术研究的一
致见解是，对中世纪教会的传统描述过于依赖宗教改革者的
宣传，言过其实的地方需要修正。以为中世纪教会无处不腐
败，这是大谬不然的。归根结底，这是托马斯·阿奎那、圣
方济各、诺里奇的儒连和圣本笃的教会，只略提几位名人就
足矣。

　　正是这两种描述之间的冲突警告我们要小心从事。我们
将发现的是两个极端之间的东西。教堂里既非人头攒动，也

93 非空无一人。关键性的往往是本地因素：一个负责的教士、一家附近的教堂、一个受到无法理喻的力量威胁的社区。我们在下文将考察这些因素。然而，在我细察这场讨论之前，有必要澄清两个重要问题。第一，我们说"中世纪"的意义是什么？确切地说，中世纪哪一个世纪？这个问题很重要，因为教会的状况在其不同的历史时期都有所不同。第二个问题就是，在相关的时期内，我们所知的基督教生活有什么证据？这是很有意义的，因为正是证据的问题导致了人们对基督教的范围和本质做出不同的阐释。

界定中世纪

我们说"中世纪"或"中古时期"时，意思是什么？把历史划分为不同时期可能是一个非常笼统武断之举。中世纪最广泛的定义是从公元700年开始，大致与罗马帝国终结同时，直至公元1500年西方政教合一霸权的崩溃为止。时间跨度约为八百年。因此，若要历史分期更合理，就需要更细致的划分。R. W. 萨瑟恩（R. W. Southern）把中世纪分为三个时期：700—1050年、1050—1300年和1300—1550年。[2] 在第一时期西方很弱。老百姓很贫穷，人口基数很小，社会主要是乡村的，多数人都要受饥荒和瘟疫之苦。在西方多地，基督教都是新来乍到，相对弱。说到上教堂，有许多人不可能或没能力去，因为在他们本地附近，没有基督教社区。上教堂路途太远也太危险，不值得费力，本地的教士也很少，不能强迫或敦促人上教堂。

第二个时期1050—1300年是西方经济增长扩张的时代。西欧由于日益繁荣而得以坚持自己的主张。经济增长的一个关键指标是，在城市衰落趋势明显逆转的同时，新的农村社区的发展。这个时代摒弃了对各类专家活动的需要。复杂问题需要专门知识来解决，因为宗教仪式不再是适当的解决办法了。教会的官僚机构和森严等级高踞于这一时期里发展起来的商业行会和政府机构之上。教会成了一切属灵问题和许多世俗事务上的专家。教会意指神职精英，与平信徒和世俗统治者有明显区别。萨瑟恩声称："1050年和1300年间精心构筑的教会组织是在理论和实践上已知的最辉煌的教会体系。"教皇制如日中天。然而，反常的是，这套体系在展现出最强势教会的同时，也暴露了教士阶层内在的虚弱。教会在面对世俗意见时，缺少执行其教令的有效手段，尤其是在统治阶层引领民意时。在这一时期，教皇制象征性的最后一个立场是完税问题。在理论上，对教会收入征税须先征得教会同意。1296年，教皇波尼法斯八世试图实施这条法律，他坚持要先征得教皇首肯方能向教会收入征税。而在现实中，世俗统治者却几乎可以随意向教会收入课税。在几个月之内，波尼法斯被迫妥协，宣布这项教令无效，承认最终权力归于世俗统治者，允许这个体系有效地持续下去。有很多历史研究探讨了这第二个时期，主要集中在教皇制的权力及其与世俗统治者的关系。欠缺的是大众基督教信仰和实践的充分证据。在萨瑟恩所辨识出的第三时期里，大众基督教的证据则多得多。为此，我的探讨集中在1300至1550年间。

萨瑟恩把从1300年至1500年的第三时期称作"动乱的年代"。这是考虑到欧洲宗教改革及其教会和政治的巨大变革之后的事件。在这一时期里，罗马教廷势力减弱，倾向于神学和政治上的保守主义。世俗统治者也同样希望社会和政治稳定。然而，这种稳定却受到威胁。酝酿骚乱的主要因素是城市人口的增长。这并非新事，但在1300年后，这却是一个新常态。例如，在佛罗伦萨，人口在1300年前的100年间，从大约1万人增长到3万。然而，在1300年之后的四十五年里，却从9万增长到12万。人口增长的后果就是社会与政治的激进主义。萨瑟恩把这种情形归因于人性。在主要是自给自足的乡村社会里，一个人会害怕被排斥而学会对更激进的概念闭口不言，而在城市里，他可能会找到志同道合的朋友。少数有共同信仰的人的勇气更可能变为一场很多人支持的政治运动。短期的经济危机或宗教狂热事件都能很容易地使这样一场运动愈演愈烈。在这种氛围中，政治和教会当局赞成稳定就不足为奇了。正是从这第三个时期我们收集到有关中世纪人的宗教信仰和行为的最明确的证据。出于这个原因，我将着重讨论中世纪后期，把它跟当代宗教行为进行对比。但这不是排他性的。如果可以获得来自其他时期的证据并加以有效利用，我也不会置之不理。

我们所拥有的中世纪末期宗教信仰和实践的证据，远比来自先前任何时代的证据都丰富，但仍非确凿。它无法与我们收集自维多利亚时代的证据相比。过去150年的档案远非完美无缺。调查资料也有问题。众所周知，在美国，声称会上教堂的人要比可供使用的教会建筑能合理容纳的人数多得多。但与中世纪后期相比，我们拥有一个真正的信息库。对中世纪的宗教运动、教会和教派，没有社会学的研究。我们没有中世纪的总人口调查，可以由此开始讨论行为模式或 96信仰的问题。相反，证据出自不同的来源、零零碎碎。伊蒙·达菲提供了一份非常有用的证据概述，他对1400年和1580年间英国的研究利用了这些证据。他用了"传统宗教"一词，我把它用到流行宗教的概念中。达菲声称：

> 我在试图描述那一传统宗教的特性时，利用了各种原始资料，从礼拜仪式手册到手绘图像、从圣人传记和祈祷论文到戏剧文本、从堂会理事（churchwarden）的账目和教会法庭档案到私人备忘簿和遗嘱。我也利用了大量的本地和教区的材料，尤其是关于东安格里亚教会的财富的材料作为非书面证据。但是这有点不合时尚，这并非一项区域研究。[3]

达菲说近期大量的研究都专论地方教会，他说得对。在普遍性证据如此稀缺时，从广泛的原始材料中尽可多地找出某个具体地方的证据是合乎情理的。这种研究耗费时日，但比用其他方法能提供一幅更完整的图景。有意思的是，这是学者们在审视更晚近的教会生活时所用的一个技巧。[4]达菲用了非文本的资料，这也是其他人用过的一个方法。罗莎琳和克里斯托弗·布鲁克斯对公元1000年到1300年间大众宗教的研究承认，大部分平信徒都目不识丁，因此正是建筑和绘画会让我们更多地了解关于他们宗教的秘密。[5] 在达菲所援引的证据中，也许遗嘱、宫廷档案和堂会理事的账目更频繁地出现在其他学者的研究中。临终遗嘱告诉我们人们临死时优先考虑的事项，从而可以理解，更多地专注于来生。但是对地狱和炼狱的恐惧却是真实的。死亡如此常见，早夭很有可能，意味着这也许是人们日常担忧的一种很好的反映。堂会理事的账目让我们知道，在他们所负责的那一部分教会事务中，平信徒在财务上的优先考虑是什么。正是通过看开支的优先项，我们可以推测出平信徒关注的一些宗教和灵修事务。法庭档案很有意义，因为它们表明了某一时期宗教上不合规的程度。它们讲述了那些违反教会法的人所犯的罪行。正是从这些档案中我们才了解到教会发生了本不该发生的事情。达菲也吸收了他称之为私人备忘簿的内容。这些包括祈祷摘录和证明私人的灵修生活的文本。他们往往包括一些说明，在弥撒的各个阶段应该祈祷或冥想什么。达菲极想强调平信徒的奉献作为他论点的一部分，即宗教改革前的教会要比以前想象的要健康得多。像这样的文本是对法庭档案的一种矫正，强调的是相反的情况。

　　除了达菲所提到的资料之外，强调圣坛显迹的档案也是重要的。这些档案由被分派去执行这项任务的修士来写，记载据信是圣人所行的诸般奇迹，圣坛保存着他们的遗骨。这些档案宣传某一圣人有求必应，起着理财和宣教的作用。话虽如此，也不该全以猜疑待之，因为有人试图验证所宣扬的疗法是否真有效。这一时期最重要的一个圣坛是坎特伯雷大教堂的圣托马斯·贝克特圣坛。坎特伯雷大教堂的两位修士本尼迪克和威廉记录了这些奇迹，给我们留下了丰富的材料，记载了归于这位圣人的妙手回春。

诚然，这一时期的证据还可更好，但还是有足够多的证据，可帮助形成我们对这一时期的了解。还需要对证据的阐释，好让一些明显的空缺得以填补。对证据的解释有一种趋势，要么声称教堂空空如也，要么就说教堂人满为患。我们将在这两种极端之间走出一条路。

中世纪上教堂的人数

在我讨论谁上教堂，他们在教堂干什么之前，了解一点中世纪的社会和经济状况是很重要的。这有助于我们理解宗教生活为什么采取那种形式。我主要关注英国，以便把我的结论与我所说的关于当代英国社会的状况作比较。不出意料，显而易见的就是，当代社会和中世纪社会之间存在相当大的社会与经济差别。

在当代社会与中世纪社会之间，第一个显著的差别就是人口数目。1500年，英国和威尔士的人口仅为250万，到1700年上升到550万。[6]大部分人口都居住在乡村。截至17世纪末，高达80%的人口仍为乡村居民。城市比我们今天所习惯的要小得多，即使是伦敦，尽管这是当时最大的城市，社会等级高度分化，有三分之一到一半的人口处在勉强生存的水平或接近这一水平。人们普遍营养不良。穷人完全靠天吃饭，每六年就有一年饥荒。富人的饭菜好得多，往往多消耗肉类。蔬菜被视作穷人的食品。预期寿命值很低，即使贵族也是如此。婴儿死亡率非常高。在生命的头六年里，每100名儿童中就有36人死亡。淋巴腺鼠疫（急性传染病）是挥之不去的现实威胁，快速残忍地消灭掉大量的人口。没人明白它的起因。医疗最好只是撞大运，最差则绝对危险。除了最有钱的人之外，所有人都看不起病，因为他们囊中羞涩，负担不起。穷人求助于祖传秘方和巫术以及教会来治病。那些身强体健、快速康复的人躲过了瘟疫、劣质饭食和庸医杀人，还要时时担心火灾。火灾时刻威胁生命。房屋都是用家中火炉取暖，蜡烛照明，很容易着火，而且一旦着火就不可能扑灭。不存在有意义的保险，所以一个富裕之家一夜火灾就会重归贫困。基思·托马斯教授评论道，难怪人们借啤酒浇愁，后来又吸烟取乐，尽管这些不足以降低火灾风险，或者提高普遍健康水平。最早的统计数据表明，人口中的每个男人、妇女或儿童每年要消耗四十加仑啤酒，或一天消耗一品脱。由于儿童饮酒量不大，妇女喝得更少，这就意味着有些男人饮用大量啤酒。难怪有些人在教堂里都醉醺醺的——他们怎么能保持清醒呢。

中世纪的人生是脆弱、易受伤害、艰辛的，而且往往极度痛苦。有些在圣坛前治病奇迹的描述如此血腥、令人作呕，叫人不忍卒读。例如，一位贫穷妇女的治病过程是这样描述的：

> 她愈是祈祷，痛苦就愈大。她以为她听到脑子里有
> 细树枝折成碎片的声音。她问周围站着的人是否听到了
> 她脑袋里的折裂声。在这样受酷刑的时候，她向主大声
> 呼救，主听见了。因为她在大叫时，从她耳朵里流出了
> 很多液体，好像里面的脓疮破裂了。流脓之后又流血，
> 随后她就恢复听力了。[7]

这里的问题是，这样治病是否值得。如果说一个社会需要的国民健康服务，也就是它了。除了民间智慧和教会作法外，没有别的国民健康服务。

要记着这样的社会、经济和医疗环境，我们才能探讨那个时代基督教的信仰和实践。第一个问题牵涉到争论不休的上教堂话题。是否每个人都上教堂，而且同样中肯的是，他们去做什么？何时去？我们可以肯定，每个人在法律上都被要求上教堂。关于这一点毫无疑问。问题就在于，违背这条法令的人是否比遵守法令的人多。那些主张宗教改革前教会在灵性上是强健的人，认为上教堂是常态，反映了基督教信仰在人们生活中的真实地位。达菲对大众灵修的审视，从与基督教全年礼拜仪式相关联的风俗开始。他论证道，教会的节日和庆典，以及斋戒和苦修，塑造了中世纪社会的世界观。透过教会提供的一个场景，可以理解人们的生活。在这个文化语境中，最低要求是"在主日和节日、年度忏悔和复

100

活节圣餐定期、清醒地出席晨祷、弥撒和晚课"。人们这么做了吗？达菲说"教会法和主教、副主教和牧师的监督会确保人们定期出席。"[8]事实上，达菲更进一步论证道："许多平信徒，甚至他们中的大部分人，都在某些工作日出席弥撒。"[9]这种虔诚的第一条证据是中世纪教堂的建筑。大教堂、甚至连一些小的本地教堂，都有侧面祭坛供行会和捐建小教堂的施主做弥撒之用。比如在威灵厄姆（Wellingham）的一座小教堂只有16英尺宽，却也挨着新祭坛屏的南侧附建了一个祭坛。这些附建的祭坛用于平信徒的礼拜仪式。在某些书面证据里，个人的虔诚也很明显。达菲引的一个主要资料是《马格丽·肯佩之书》（*The Book of Margery Kempe*）。肯佩是个虔诚妇女，她每周都接受圣餐。这被看作炫耀虔诚，激怒了她的邻居。[10]但对于达菲和许多修正派宗教改革学者来说，她的虔信是个标志，表明上教堂做礼拜不仅是日常需要，而且还是现实。基督教信仰在个人生活和本地社区占有真实的地位。

对立观点的证据也同样不充分。在中世纪的最早期，显而易见的是，本地没有足够多的教堂让每个人都能去做礼拜。13世纪及其以后的巡回化缘修士托钵僧们试图鼓励人们上教堂，但遭到抵制。他们抱怨说："学徒们在本该看弥撒的时候却踢足球，男仆们在教堂外闲逛瞎聊，难得进教堂。"[11]基思·托马斯论证说，教堂规模和选址的难题一直延续到中世纪后期和宗教改革时期。由于人口迁徙，教堂往往选址不对，或空间太小，容不下一个新形成的社区。此外，托马斯论证说，社会阶层也导致上教堂存在巨大差别。穷人从不参加每周的弥撒，这是他们经常犯的错误。他们可能确实利用了洗礼和葬礼，但除此之外，上教堂就是断断续续，或偶一为之。在有些情况下，倒是希望他们不来，因为怕穷人身上携带瘟疫。

在富裕一些的阶层中，情形也未必理想。我们有档案记载社区中更有地位的成员不上教堂的借口。这些借口包括生病、有活儿要干、害怕因为欠债不还而被捕，或革除教籍。托马斯指出，后一群体可能高达人口的15%，是教会法庭权威衰落的一个标志。这导致了一种法律上不那么理想的局面。托马斯写道：

> 1540年至1552年，据说科尔切斯特市的圣贾尔斯教区的领圣餐者中只有不到一半人在主日和节日去教堂。1633年，大雅茅斯地区复活节圣餐式有1200人缺席。许多同时代的人都附和詹姆斯一世时代的布道师的抱怨："一个教区里有时只有不到一半人出席安息日的礼拜仪式，要把他们吸引到灵魂得救的途径上来殊非易事。"一位小册子作者在1635年写道：真实情况是，两三个人以上帝的名义聚在一起，有时候教堂里的柱子比人都还多。1656年在温彻斯特市，领救济者受到威胁，若不上教堂就不发救济了，他们才被迫进教堂。

102

虽然这些例证中有些来自上述讨论过的那一时期之后，但也没有理由假设早先的情形会更好。很可能更糟糕，因为在更早的时期，更不可能有像后来那么强势的教会控制。

我们在评估这种互相矛盾的证据之前，审视一番这个附带问题是很重要的：人们若是上教堂，他们干什么呢？第一件显而易见的事情就是，中世纪的上教堂跟当代西方的上教堂经验甚少相似之处。现代西方的礼拜仪式，其目的往往是成为社区的参与性活动，有一种与民同在，民众操办的风气，而中世纪的礼拜仪式却是遥远的，是牧师的禁脔。中世纪的弥撒由牧师专办，供百姓观看。一块实体的圣坛屏、弥撒用的拉丁语以及一门强调圣体特殊地位的神学把牧师与会众隔开。在弥撒仪式上，面包和葡萄酒的成分被转化成了基督的肉体和鲜血。这是天地相交的时刻。有一种一致意见认为，通常大部分人并不是每个主日都会接受圣体。处于犯罪状态而去接受圣餐，是一种过于危险的活动。每年一次在圣周个人忏悔之后，领受一次圣餐。相反，每周礼拜仪式的中心和灵性焦点，就是会众高抬圣体和瞻仰圣体。鸣钟警告会众，告知将高抬圣体，好让众人停止在做的一切事情，以瞻仰圣体。有些教堂的圣坛屏风上还有窥视孔，可以让会众更清楚地看到被高抬的圣体。在抬高圣体的瞬间，鼓励会众背诵祷告词，如主祷文或圣母颂。视会众的识字水平而定，祷告词或浅显或高深。达菲指出，那些更虔诚的人可能每天都会利用这一机会，亲临圣餐礼。对乡绅和皇家来说这是更正

103

112

常的现象，因为他们养得起私家牧师。这是担保每日上帝护佑、好运降临的手段。

问题是，人们在教堂里剩下的时间干什么？那些想论证说中世纪末期宗教虔诚而真实的人，他们认为在高抬圣体之前，人们会朗诵祈祷文和圣书，在有些情况下会宣读布道文。那些不能亲自撰写布道文的牧师，可以朗读自印刷术问世以来广泛流传的布道文集中选出的应景段落，但也要现成可用的。达菲认为，即使识字者和小康之家显然可以获取种类更多的祈祷材料，然而目不识丁者和穷人也可以面对描绘应景图像的廉价木刻画进行沉思。这是他试图反驳的部分想法，即在少数受过教育的、更虔诚的乡绅与无知和不信教的芸芸众生之间有一道鸿沟。[13]

相反的意见表明，除了灵修祈祷之外，你能想象到的几乎任何事情都会在教堂里发生。地方教堂就是社交中心，就意味着它们是做生意的地方。在那里可以买卖商品，或以货易货。教堂也是谈情说爱之地，或至少有机会查看可能的婚姻伴侣。例如，一位意大利妇女阿莱桑德拉·斯特罗奇在1465年给他儿子写信，讲述她怎样殚精竭虑地为他争取未来的幸福。在给儿子菲利波的信中，她写道：

我得告诉你，在圣利佩拉塔教堂的第一次弥撒上唱"万福玛利亚"时，因为以前几次节日的上午我都去看过阿迪玛丽家的女孩，她通常都去那做弥撒，我在那儿发现了塔那格里家的女孩。我不知道她是谁，就坐在她

　　身旁，仔细地打量了她一番……[14]

　　她断定这女孩很俏丽。哪里在做生意，在谈情说爱，哪里就有飞短流长。更虔诚的信徒经常抱怨，教堂里有太多人费太多时间闲聊了。可话又说回来，飞短流长只是各种不合宜行为中最温和的一种。托马斯把典型的会众比作一帮不服管教的小学生。他说道："会众成员抢占座位，推搡邻座的人，咳嗽吐痰，织毛衣，说粗话，讲笑话，睡觉，甚至枪支走火。"[15] 据报导，有些会众面临布道，匆忙离席，回家喝酒去了。有些教士倒巴不得这样，因为我们得知，假如会众留下，他们会刁难布道师，或者布道师拖堂的话，就会抱怨说，该去挤牛奶了。这些臭名昭著的会众一旦从教堂脱身，立马就去啤酒屋，交流渎神的笑话，嬉笑打闹的行为还算好的。关于年轻人和穷人的抱怨是，这两种群体的人都对宗教和圣行一无所知，也不在意。

　　当我们听到有些教士的行径时，会众的行为就不那么令人惊讶了。卡尔·沃尔兹（Carl Volz）讲述了13世纪鲁昂大主教巡视教区的一些经历。1248年2月的报告如此陈述道：

　　　　我们发现路易维尔市的牧师与某个石匠的妻子有染，据说还跟她生了个孩子，名声败坏；他不驻留在自己教堂里，反而跟人踢球玩，身穿短衫（武士服），骑马四处闲逛；里伯夫的牧师常下酒馆，狂饮无度。圣乔斯特的西门勇武好斗、性喜争吵。[16]

　　更大教堂的情形也好不到哪儿去；在对这类教堂的巡视中，大主教发现"举办圣事时，教士们在座位上交头接耳，甚至隔座交谈。他们匆忙地唱完赞美诗"。尽管这份报告取自我所关注时期的边缘，但却有一个优势：它几乎不可能会被认为是宗教改革者的宣传。正如我们所见的中世纪末期那样，醉酒、无知，不能背诵主祷文或摩西十诫，甚至连圣体神学或赎救历史的基本知识都没有的文盲教士的种种传闻，多得不胜枚举。毫无疑问，这些传闻有些是确有其事，有些是凭空捏造的。

　　所以我们该如何下结论呢？我们应该相信中世纪末期的教会除了偶尔的例外，是个欣欣向荣的神圣社群，还是由腐败、无知的教士引导着不讲道德、不修灵性的平信徒组成？答案无疑介于两个极端之间。我们所拥有的证据都是关于极端行为的，这也许不足为奇，因为这本该值得注意并为后人记录在案。会有引人注目的虔诚的例子，也会有令人震惊的不道德和亵渎的例子。但是可以想象，中世纪宗教的大多数例子都是更世俗的。这都取决于地方因素。在本地教士勤勉尽职的地方，老百姓很可能受到鼓励去上教堂，会认为上教堂是明智之举。假若一个本地教士以自己的生活方式激励民众，那么大多数人也会想了解更多，觉得上教堂是值得的。同理，不驻教区的教士或只关心世俗事务的教士就会发现他们的教堂在主日的早晨门可罗雀。当地的地主也同样可能从

105

两方面影响人们的行为。邻近地区是否有教堂和牧师本来也
可能会是一个关键的本地因素。新居民区若没有配备足够的
教会设施，那么去上教堂的压力就会小得多。同样，在小镇
或城市里，与稳定的乡村社区相比，社会压力也会小得多，
尽管有更多的教堂可去。

　　另一个因素本来会是外部事件。有些布道师把瘟疫爆发
归咎于普通百姓的酗酒或不敬神。上帝惩罚那些不服从神圣
法律的人。在社会或经济出现危机的时刻，更多的人也许会
上教堂，希冀上帝开恩，或至少收回施加给百姓的严厉审判
和惩罚。反之，在事业兴隆、身体健康之时，求神的欲望则
减弱了。在评估传统宗教活动的程度时，达菲强调节日和朝
圣的重要性。巡视教区边界是个重要的社区事件，同样重要
的是基督圣体节的游行。诚然，教堂是主要的社交中心，这
可能吸引了更多的人上教堂，比今天上教堂的人数更多。但
我们必须审慎对待这种证据。在当代西方社会里，每年都举
行广泛的圣诞节庆祝活动。电视、杂志和报纸上均是关于圣
诞的报导，学校和工作场所也纷纷庆祝圣诞。人们对此有基
本的了解，即这是纪念基督诞生的时候。那么数百年后的人
们看到证据时，很可能会想到，这是每年庆祝的一个重大的
基督教节日。但是鲜有教会领袖每年12月会为社会的精神健
康而庆幸；事实上完全相反。像他们中世纪的前辈一样，他
们抱怨人们在圣诞节酗酒、不虔敬，而且大部分人对其真正
意义一无所知。

　　证据清楚地表明，中世纪社会并不是专制独裁的教会国

家。百姓并没有被强制排队点人头进出教堂，缺席者也未受到严厉惩罚。基督教世界观好像在人们心中和社会上并非那么根深蒂固，以至于他们要么出于习惯、要么因为害怕被罚永下地狱，每逢主日必上教堂。无论常态是什么，有足够多的例外表明，教会的权威或个人在神学上的审慎都不希望把普遍信仰和实践强加于人。

107

走出上教堂困境的一个方法是把当代宗教实践作为我们的出发点。在今日英国，我们可以说约15%的人口认真对待宗教，我的意思是说他们支持当地的宗教社区。约10%的人口完全拒斥宗教信仰与实践，视之为迷信的无稽之谈。余下的75%人口倾向于说他们信上帝，通常也自称为基督徒。这75%的人中有相当大的一部分，尽管不是所有人，很可能在其人生的某个时期支持教会。他们可能会利用教会的服务来举行洗礼、婚礼或葬礼。即使他们自己不以这种方式利用教会，他们的家人或朋友若是这么做，也会得到他们的支持。有些人可能会一年一度在圣诞节或复活节时上教堂。这些人数在多大程度上会维持下去，取决于当地情境和最近的社会历史。如我们所见，20世纪曾有过一些时期，上教堂的人数比现在要多。也有如下情况：有些村庄的教士不称职或玩忽职守，其信教的人数会远低于15%。我们可以合理地假设，中世纪的信教情况反映了我们自己的时代。极少数人反对教会，或许在其社区里臭名昭著。这少数人中的很多人很虔诚，积极参与宗教活动。大多数人一般都同情并支持宗教。实际上，上教堂的人比今天更多，但这主要归因于教堂

117

履行的社会职能。他们在教堂里时，不可能全心全意地祈祷并沉思怎样改过自新，只不过是出席一顿丰盛的圣诞晚餐表示认同道成肉身的教义而已。英国国民医疗服务体系或许是一个很好的比较模式。英国的所有公民都加入了该体系，并纳税维持这一体系。几乎每个人在一生的某个阶段都会求医问药。年纪越大就越有可能。但某些人很少看病，而有些人却定期咨询医生。几乎人人都认为健康是个重要议题。如果说一个人的健康无关紧要，那真是社会的异说了。有些人却走得更远，他们很认真地严守饮食规定，并努力健身。另一些人则很少努力去锻炼或吃好。大部分人都介于两极之间。他们本可吃得更好，多锻炼一些，但他们既不是毫不在意，也不是无视健康。中世纪的信教和上教堂也大致类同。对大部分人来说，教会和基督教是他们人生中必须承认的一个存在，很少对其质疑。但他们在信仰或实践上都不是宗教狂。在这一点上，我们记得对教会所履行的社会职能的限定，他们与当代西方人的宗教承诺很相似。

中世纪超自然事物的法力

人们也许会同意，并非人人都上教堂，也并非人人都虔诚信教。那些主张我们生活在一个世俗化时代的人强调，人们偏离了对超自然事物的信仰。在中世纪，人们相信魔鬼的法力，相信圣物的疗效，相信已故圣人的保佑。事实上，对许多评论者来说，圣人和圣坛是中世纪大众宗教的本质。崇拜圣人、祈求圣人救助，加上朝圣和发愿去朝圣，就是中世纪及其后基督教实践的核心。与中世纪的这种跟超自然之物的对话相比，我们的时代是一个世俗的时代，对来生及其对人间事务之持续影响的重要性，都缺乏理解。

这种总的断言必须认真对待。我们将看到在某种意义上，它们是正确的，应该形成一种重要的对比。但是我们也需要认识到，较之一种简单的超自然/自然二元对立，情况要复杂得多。例如，我们不应忘记，当代西方人中70%—80% 109 的人在调查中说他们信上帝。他们所赞同的很可能不是正统的基督教上帝教义。事实上，这种关于神的观点充斥着许多怪诞、非正统的信仰。但是当人们说他们信上帝时，他们至少意指某种超自然之物。那些否认任何超自然信仰的人会说他们不信上帝。因此，对于当代社会的世俗状态要做出一个直接而重要的修正是经常记载这样一个观点：人们相信某种超自然物存在。正是基于同样的谨慎和对细节的关注，我们需要研究中世纪的超自然信仰。

中世纪对超自然事物的信仰无处不在，这样说大抵不错。这种信仰有两个成分。一是恶灵对人类的平安造成的威胁。必须采取行动被除家中和邻近的魔鬼。一件非常重要的社区大事就是祈祷日大游行，其目的是将恶魔从本地社区驱逐出去。这是每个人都得参加的社区事件，尽管这不意味着它是一个很神圣的事件。这种游行可能与圣诞节、感恩节或者甚至收割节的庆祝地位相等，大众节日对不同的人来说有不同的意义。游行的目的是把恶灵驱出教区。因此人们举旗鸣钟，绕着教区边界唱诵圣人连祷文。人们高举一座象征基督征服魔鬼的十字架。在教区边界的某几处，人们读几段福音书。这会把恶魔从教区赶走，并给田地带来丰产。这几处常会用石头十字架标出。有报道说祈祷日游行可能会是教区间暴力冲突的源头。相邻的教区会企图阻止游行，唯恐恶魔会被驱逐出游行的教区，进入自己的教区。已知发生过数起斗殴。

110　　　祈祷日游行并非独立事件。它们是长期生活在恐惧恶魔法力的文化中的主要庆典。另一个重要的家庭和社区仪式是洗礼。洗礼的主要目的是被除恶魔。这是一种驱邪仪式。未受洗礼的人，通常是婴儿，被认为得不到永生，会进入地狱边缘，既非天堂，也非地狱。

　　人们认为恶魔尤其会在下雷阵雨时四处横行。雷雨期间要点燃开光蜡烛来阻挡恶魔。同理，为了同样目的，教堂会鸣钟。人临终时，据说魔鬼特别活跃，要在最后时刻为魔鬼和地狱抢夺灵魂。描画临终场景的艺术品再现了恶魔围着不幸的病人转圈。活着的和垂死的人频频祷告的是他们能有足够时间做临终告解，领取圣餐，让教士给他们行临终仪式。教士长期不在教区的一个问题是，若需要教士操办临终仪式，没哪个教士会常驻本地，随叫随到。在出生和死亡的时刻，以及在两者之间的所有时间里，不幸与灾难被认为出自恶灵之手，这些恶灵聚集在中世纪的空气中，就如大热天的苍蝇一般。超自然的恶魔不可小觑，否则你就危在旦夕了。

　　如果说恶魔是不幸与灾难之源，那么护佑与健康则来自圣徒及其遗物。人们希望，若以某种方式尊崇某位圣人，那么你就与他订立了某种形式的契约，这位圣徒就会用他的超自然力或影响来护佑或治愈你。圣徒可能是本地的，因此他们会同情他们的邻居，或者他们有专治某种疾病或消除某种灾难的独门秘笈。在英国，圣托马斯·贝克特在肯特郡深孚众望，契切斯特郡的圣理查德在萨塞克斯与泰晤士河谷也有拥趸，托马斯·坎提卢普在赫里福德郡和西米德兰兹郡、埃塞德丽达在东安格里亚也都有追随者。[17]圣徒若是跟求神者遭遇过同样不幸的个人经历，就尤其被期待有求必应。圣徒中最著名的是圣阿波罗尼亚，传说他在殉道前受酷刑，被拔除了牙齿。因此她很自然就同情牙疼。达菲还列举了其他治病专家，包括保佑分娩平安、预防猝死的芭芭拉和加大肋纳。预防麦角中毒的安东尼，预防瘟疫的罗什和塞巴斯蒂安，预防肠道紊乱的伊拉斯莫斯，预防疟疾的约翰·朔恩或圣彼得罗尼利亚。[18]

111

身处逆境或健康不佳的人会许愿，若是转运或痊愈，就会去这位圣徒的圣坛朝圣。或他们会许愿奉献一段绒线，通常为身长的长度，充任该圣徒祭坛上的蜡烛芯。在危难时刻的另一许愿就是拧弯一枚硬币。拧弯硬币是一个标志，表明这枚硬币是奉献给圣徒的。有时拧弯硬币或许愿供奉灯芯的行为本身就足以治愈病人，或者终结危难。身处风暴中的水手会许愿，若能平安返港，他们会去朝圣，供奉祭品。我们拥有的档案表明，这些誓愿都出自真心，而且水手返回大陆后都凭良心还愿了。若为某些缘故，朝圣的许愿没有兑现，那么一个人的遗嘱中会留下足够的资金请人代替还愿。若是为了某种原因，一个还活着的人无法或不愿亲自走一趟，他也可能会组织一次替代朝圣。

一个圣徒的祭坛往往会盛着他一部分遗骸或衣物。多少世纪以来，这些圣物都是教会生活的一部分。圣物被摆在君主或皇帝的宝座里。当政治领导人订立契约时，就要用到圣物。哈罗德对征服者威廉所做的许诺是凭着圣物发誓的，他背弃诺言，犯下大罪。在刑事指控中，也可能会用上圣物，112 以检验是否有罪，或预防做伪证。尽管圣物起着这些政治和司法作用，但在中世纪末期，它们的治病法力才是最重要的。

如前所述，两位修士本尼狄克和威廉记载了坎特伯雷的圣托马斯·贝克特的治病法力。无奇不有的疗法治愈了五花八门的疾病。盲人可以重见光明，诸般疼痛得以缓解，驼背可以伸直，聋子可以复聪，内脏疾病可以治愈，疯人可以恢复神智。许愿者要么当场病愈，要么回家等候多月之后才康复。病人可能会被彻底治愈，或部分康复，可能要经历一段极度苦痛才会病愈，或轻松好转。也许最令人惊诧的是让逝者起死回生。一个孩子可能溺水而亡，一个人可能从高处摔下或被大车碾压。人们都以为这些受害者已死，直到圣徒出手干预，通常是在许愿朝圣或供奉祭品之后。

人们企图核实治病神迹的故事真假。我们不应认为这些故事是易受骗者轻信鼓励的结果。神迹也有社会等级。若是一则神迹故事来自贵族或乡绅阶层，那么就被认为是真确可信的。假如上层阶级充当证人，这则故事也会是真的。若上层阶级未参与其事，那就会寻求证人来核实被治愈者的故事是否属实。人们会索要被治愈者状况变化的证据，我们可以设想并非所有的故事都能满足这些标准。因此人们并非随意编造故事，或不考虑真相。这就提出了一个问题：即，在这些有记载的治病奇迹进行之时，真的发生了什么？

首先要注意，向圣徒祷告并不是拯救病人的唯一努力。它往往会与其他医疗形式结合起来，或者事实上是走投无路的病人长期寻医访药无果，使出的最后一招。这就意味着原先为让圣徒干预而弃而不用的一些因素很可能真的让病人起死回生。参拜一段时间后，病人得愈，很可能是饮食改变，如饭菜更好更多，或休憩一段时间之后，治愈了病人。朝圣之行本身可能让求告者远离问题的源头，倘若问题是由不卫生条件如不洁饭菜或饮水引起的。此外，我们不应总是以为中世纪对某一病症的诊断与现代医学诊断相符。显然，有些据报已死的人今天不会被认为已死。我们可能以为一个男孩掉落采石场水坑后真的死了，圣托马斯·贝克特出手使之起死回生。孩子被倒挂起来，被敲打脚底板，在炉火边的桌子上躺了一夜，然后被敲掉门牙，好灌进圣水，这些都证明一个八岁男孩生命力有多么顽强。他父亲，还有本地神父和许多其他人，都向记载这次神迹的修士发誓，说男孩确实死了。我们可以存疑。[19] 同样值得注意的是，并非所有的祈祷都有求必应。我们可以假设，许多来求医的人都失望而去。圣坛在初期往往由于求医成功而名声渐长。随后其名

113

声跌落，新的圣坛又声名鹊起。倘若多人初次求医都不曾失望，他们就无需求助于最新的圣徒而登上新闻头条。教会提出了几条理由来解释为何没有疗效。也许求医者自身德行有亏。他们有隐恶，缺乏信心或没有完满还愿或兑现许诺。圣徒知晓这一切。抑或有些原因远非凡人所能理解，唯有上帝知道。求医无效是生活中的事实，千万人死于瘟疫就是其例证。但是表面上的失败并没有削弱病人的希望。他们无疑是走投无路了。可选择的疗法不多，而现有的疗法同样是瞎猫抓死耗子，毫不可靠。

114　　一讨论治病神迹，疗效问题马上就出现了。但本节的重要问题就是对超自然事物信仰的主导地位。中世纪社会对恶魔的恐惧和对治疗神迹的依赖表明，超自然的世界观主宰一切。在某种意义上的确如此。证据表明，这是一种很独特的超自然世界观。最好视之为一种技术功能性的超自然主义。中世纪社会饱受诸种事件和现象的困扰，我们现在认识到，中世纪的人无法正确理解这些事件和现象，诸如从雷雨到饮食不良引起的疾病、卫生条件恶劣和心理健康问题。中世纪人将这些现象归罪于恶灵，谋求善意的超自然朋友——圣徒的救助，以期解释和应对这些问题。就这一点而论，他们创造了我们会认为是一种超自然技术的东西。恶魔与圣徒的世界相当于我们的医学、气象学和科学的世界。认为医学的历史可追溯到通过祭拜圣坛而治愈疾病，这绝非荒谬。

这意味着，当有人提出我们不再拥有中世纪的超自然世界观时，那么我们具体说的是，我们的科学，尤其是医学，不再依赖于求拜圣徒或驱魔了。换言之，我们是说，我们的技术现在依赖我们自己的医学资源，而不是超自然事物的神秘干预。中世纪教会的圣坛被医院和医生的诊疗室所取代，而朝圣现在变成了试图预约本地医生看病而已。同样，人类科学可以预测或解释农作物的收成，航海和商业的成败。

我们对人类理解和文化的这种转移的分析当然并不新颖，但对理解世俗主义历史的涵义却是新颖的。在中世纪，我们曾有过一个社会，它运用自己的一些人类技术，如巫婆所建议的一些民间疗法，但主要依赖超自然物来解释世界，我们现在知道他们并不理解这个世界。当代西方社会已经改变了平衡。西方公民主要依赖人类技术来治病疗伤。这并不意味着没有超自然物的一席之地。绝望的、走投无路的人以及虔信者会寻求神助，并缔结契约或达成交易。但我们主要依赖技术和医学科学。换言之，中世纪宗教信仰的地位和功能被科学取代了。有意思的是，与此同时，宗教信仰却并未消逝。事实上，自相矛盾的是，西方科学勃兴的时代，即维多利亚时代，也正是基督教信仰复兴的时代。认为我们不再依赖超自然物来解决现在的科学问题，这是对的。但超自然物在社会上仍然具有明显的意义。宗教的技术功能的终结并不意味着上帝信仰的终结。相反，后者具有顽强的生命力，吸引了许多据说已经篡夺了其地位的科学家和医生。

在本章中，我探索了基督教在中世纪的地位。我从一些否定性的事实开始。那些主张西方长期世俗化的人认为，中世纪几乎人人上教堂。此外，他们的人生被一种超自然的世

115

界观所主宰着。作为反驳，我提出了对这幅图景的两点重要修正。首先，说人人上教堂是很值得怀疑的；事实上，我们可以合理地认为，人口中有大量群体并未上教堂，尤其是穷人。再者，那些上教堂的人也不一定是特别虔诚的。其次，认为西方不再拥有中世纪的超自然世界观的那种泛泛之论必须加以修正。超自然信仰所发挥的具体作用，即对诸如疾病和风暴等自然现象的解释和操控，正是超自然信仰所失去的。这是目前由科技部门承担的有限职能。尽管有职能的转换，但同时对上帝的信仰并没有减弱，自从现代科学出现以来，在有些情形中，还有过宗教信仰和活动的增长期。这表明，首先，基督教能够随其所处的当地环境的变化而变化。其次，西方社会中基督教信仰是否具有顽强的生命力，与中世纪超自然世界观的普及并不直接相关。事实上，我们可以假设，部分人类技术、部分求神的基本模式仍然存在。发生改变的是人类技术的效果。但如果人类技术不奏效，对神的祈求会跟以往一样热切和诚挚。

考察过可能被认为中世纪和当代西方宗教认同的这两种否定性比较后，我现在转向肯定性的方面。在下一章中，我将提问，在中世纪的宗教与当代西方宗教认同之间，是否可进行比较。在有些方面，中世纪基督教是否为理解现代西方宗教提供了工具？

第六章　当代和中世纪的基督教生活

与前一章相同，本章的重点是中世纪普通人的基督教生活。在第五章，我着力讲述了中世纪与我们当代相比有什么不同。我审视了上教堂，并认为上教堂在中世纪所达到的程度往往取决于本地因素。忠于职守的牧师在有本地教堂的社区工作，可能会鼓励很多人上教堂。而无知和不道德的缺席牧师就不会吸引许多人去望弥撒。我也审视了超自然信仰。我发现基督教为民众履行了一种技术职能，而这一职能现在由科学尤其是医学来履行。所以，过去人们祭拜圣坛来求医，或在风暴中点燃蜡烛驱魔。现在他们却上医院或去医生的诊所，并且避免站在树下或靠近金属导体。

在本章中我将着重论述当代世俗社会的宗教实践与中世纪所发生的事情的相似之处。当我说"当代的宗教实践"时，我所指的不仅是现代上教堂的人。我心中想的是75%左右的 人普遍支持基督教并表达了对上帝的信仰。正是这些人构成了世俗社会，因此他们是比较的重要焦点。有意思的是，中世纪的宗教生活和实践为现代西方社会提供了启示。

我将详尽探索三个领域。第一是中世纪大多数人有关基督教信仰的知识。我所问的并非当时他们的基督教知识有多少。鉴于现存的历史资料量，这一点难以计算。此外，还有一些复杂的问题，如不同的知识水平，尤其是在不同的社会阶层之间。相反，我们发现，在中世纪晚期，民众有足够的所需知识，能够以他们觉得满意的方式跟教会互动。中世纪的人们具有了我所说的足够的功能性知识。我的意思是人们有足够的理解力，让宗教发挥他们所要求的作用。这并不意味着教会对基督教知识的总体水平感到满意。教会想要人们了解得更多。但多数人对教会的优先考虑和关注漠不关心。大多数人知道他们需要知道什么，这样基督教才能发挥符合他们利益的作用。这种情形也同样适用于今日西方的宗教信仰。多数人都知道自己需要知道的，这样宗教就能为他们的具体目的服务。

接下来我要审视格蕾丝·戴维在分析当代西方宗教时提出的一个概念。这就是，对许多人来说，他们的宗教是代理性的。也就是说，他们愿意了解别人代表他们从事宗教信仰活动，但这并不一定意味着他们自己会积极参与。若宗教活动受到威胁，或被认为举办不当，那么人们就会报怨。威胁关闭一座本地教堂，会激发整个社区力争使教堂保持开放。但他们不会希望成为会众中的积极分子。媒体乐意曝光宗教的虚伪，比如牧师违反教规，就是个例证，说明人们希望那些信奉宗教的人能心口如一。在神职人员中受到谴责的行径，在更广泛的社会中可能会得到更多的宽容。对宗教人士的期望是不同的，因为他们是代表社区从事宗教活动。

这种代理性原则在中世纪基督教中也发挥作用。对中世纪的人来说，代理性宗教的焦点是圣徒。圣徒之所以重要，是因为他们代替普通基督徒向神求告。重要的不是仿效圣徒的行为，过有道德的生活，而是要赢得圣徒的支持，确保他会保佑你，给你带来好运。在当代和中世纪，大多数人希望看到宗教行为的发生，但他们不认为维持或宣传这些活动是他们的主要职责。多数人都希望看到发生宗教行为，但他们并不认为他们的主要角色就是要维持与传播这些行为。

第三个比较领域是伦理。伦理的考虑是中世纪基督教的中心。中世纪的人关心社会中那些最穷、最弱势的人。这在"七善行"的教诲和在葬礼上派发的济贫款中得到了体现。这种伦理上的优先考虑仍在21世纪的西方伦理中盛行。这是个有争议的提法，需要在后几章中进一步详述。此处的意图就是贴上一个题目标签，我在后面会再次论及。

正是由于进行了这些比较，我们才对西方世俗社会的宗教认同有了深刻洞察。我们会发现，当代西方社会为其自身目的了解了基督教信仰，关注那些能够和乐意好好践行其信仰的人，而且它以对最穷、最弱者伦理上的优先考虑为指引。

民众的神学

120

教士中最常见的抱怨是，大多数人对基督教信仰的基本知识一无所知。这是当今西方的现状，同样也是中世纪的状况。人们对《圣经》故事、教会历史或基本教义了解不足。这一批评有时暗含这样的假设，如果对这一信仰一无所知的人知道自己所排斥或无视的是什么，教会就能兴盛起来。

教士们对民众中基督教知识普及程度的担忧，揭示了一种重要的区别。这就是大多数普通人通行的信仰与官方或指定的和教会神学家的研究之间的区分。伯明翰大学传教学教授维尔纳·乌斯托夫（Werner Ustorf）在论文集《我们敢公开谈论上帝吗？》[1]中做了这一区分。一旦我们明白了这一区分的性质，就能够调查中世纪人们对自己的信仰知道些什么。

这种区分的一边是当局的官方神学。作为一门学术性的教会的学科，基督教神学试图条理分明地、批判性地讲论基督教传统、历史和信仰的持续生命力。知识分子掌控的这类神学研究，其形式有限但和谐一致。有一些惯例和规则决定了如何审视和呈现这种神学。那些初入其门的人得以有时间和空间与其同类以对话的方式来探索他们的想法和经验。这并非诋毁这种形式或否定其价值。那些精通神学奥秘的人对神学议题和主题的批判性探讨是极为重要的。没有深入的批判性分析，尤其是对宗教信仰的分析，我们只剩下偏见和永久无知。

121　维尔纳·乌斯托夫怀疑这种学术性的教会神学与西方社会的权力相勾结。它有着父权制、精英主义和殖民主义的历史。在这一点上，他受到所谓第三世界的神学的影响。这些

神学寻求抛弃第一世界的神学方式，因为它们没有使贫穷的
被压迫民族获得解放。第三世界的神学，尤其是解放神学，
始于世界上最贫穷的经验和争取正义的斗争。第一世界神学
家的问题、议题和话题一直都躲开了圈外人的视角。他们并
不在意非学术界人士缺乏系统性的信仰。学术性的教会神学
把多数人的通行神学贬低到二等地位。这是因为他们不把通
行的神学当作他们研究的主题，而他们的研究主宰着大学里
的神学研究。

　　我们将看到，在中世纪，学术性的教会神学影响巨大。
教会当局相信，普通民众缺乏基督教知识，即对正统和官方
教会学说的知识，是一个严重的问题。有充分证据表明，当
地民众和教士被认为对信仰的本质一无所知。然而，在谴责
大众无知的同时还有一些迹象显示，一种功能性的大众宗教
在教堂之外运作。这种宗教是多数人的首选，他们是其练达
的修行者。它为多数人接受，使它在许多方面都比教会的官
方学说更重要。

　　这就把我们带到这一区分的另一面，即非官方的大众宗
教。多数人所拥有的是大众宗教的知识。这类大众宗教是功
能性的。人们用以解决日常问题。乌斯托夫这样描述它：

　　　　所谓普通人的宗教通常存在于与生活相关的朴素期
　　望中：人得吃饭，庄稼要丰收，或继续有人雇用你，孩 122
　　子的病好起来，欠债别无法承受，别有战争威胁，得有
　　人跟你说话，得活下去，寿终正寝，体面的葬礼。民众

的宗教话语往往非常谨慎，不逾矩：他们不想"解释"或"了解"甚或界定上帝。[2]

大众宗教的目标不具学术严谨性；不企图条例清晰或自成体系，但是其抱负却大得多。大众宗教旨在提供一些资源，一个人凭借这些资源可以过上安全满足的生活。大众宗教的要求不仅仅是关于上帝的真理。大众宗教被要求塑造个人与社群的经验，以便获取幸福。与这种高要求相比，对官方教会和学术性神学的期望则显得不值一提。

当我们考虑出自中世纪的证据时，我们既看到大众宗教的形式，也看到官方教会和学术性神学的形式。1518年对一个西班牙农民的审问是这种双重宗教身份起作用的一个很好的例子。在一个层面上，它证明了农夫的无知。然而，在另一层面上，它展示了大众宗教是怎样发挥功能的。这名被问到自己经历过的异象的农民是宗教裁判所的囚徒。审问报告如下：

> 教士大人问他是否知道《信经》和《圣母经》：他回答说不知道。问他是否知道《主祷文》（Pater Nostra）和《万福玛利亚》；他回答说知道。他被命令诵读这两篇祷文。他背诵出了整篇《万福玛利亚》，《主祷文》他也全篇背出，但不那么熟悉。教士大人问他是否如圣母教会所命每年都告解。他说他每年的四旬斋都向啦摩塔镇的老牧师告解，并且每次告解后都领了圣体。

他被问到，是否知道摩西十诫和宗教信条、七宗罪和五种感觉，他回答说无论是整篇还是部分，这些他都不知道。教士大人问他，若不知道七宗罪、摩西十诫或五种感觉，那他忏悔什么？他说他忏悔的是他确实知道的。他被问到，骄傲、嫉妒、淫荡、凶杀是否是罪，他回答说不知道。他被问到，偷盗是否是罪，他回答说，上帝保佑，偷盗是大罪。[3]

教会当局所认为的基督教信仰基本知识与农民的信仰之间的对比，昭然若揭。对教会当局来说，个人没有关于构成罪的基本知识而告解，绝不可能。对农民来说，重要的罪是偷盗。这纯属猜测，但可以设想，所列出的其他罪，骄傲、嫉妒、淫欲和凶杀，要么完全在农民的经验之外，要么完全是其生活的一部分，他不认为这是什么罪。

从这个例证可以得出两条结论。它揭示了穷人对基督教信仰的无知程度。这是教会官方当局和神学权威会得出的一条合理结论。13世纪后出现了很多给文化水平低的神职人员使用的教材，便于他们把有关信仰的基本知识教给他们的会众，这证明了教会领袖力图处理普遍无知的问题，也证明了问题本身实际存在。若是人们对基督教基本知识很了解，这类书籍就没有必要了。达菲论证道，1215年的第四次拉特兰会议所强制实施的年度告解为各地牧师提供了教牧工具。许多教学材料的出现都是为了满足这一需求。人们承认，许多神职人员不能独立承担工作。

124

133

　　然而，这只是要得出的第一个结论。农民答不出提问，背诵主祷文磕磕巴巴，但有一种说法却很确信：偷盗是罪。他也知道自己必须每年告解一次，并领受圣体。假如我们在此运用乌斯托夫的区分，可以认为这个例子所说明的是平行的宗教。这个农民不知道教会神学。但谈到偷盗时，他确实有一种强烈的是非观。他也知道一年要告解一次，并领受圣体。换言之，这里有某种大众的、非官方的事情在发生着，它既能做到躲避掉教会和学术界神学的审查，同时又偶尔与其互动。

　　在中世纪社会中，这种实用性的大众宗教发挥作用的例子还有很多。事实上，中世纪的状况使其尤为突出。例如在教区制度建立和负责向农民宣教的本地牧师到来之前，基督教信仰的基础知识都是非正式传播的。对《圣经》有一些了解的人也极罕见。在中世纪末期，随着印刷术的面世，大部分民众除了一些重要经文外并不了解《圣经》。但是，这就是大众宗教与官方神学的区别点，大众不需要这样的知识。他们需要的是能切实了解如何维持幸福生活。他们所需要的就是，成为公众仪式的有效参与者，成为获取上帝恩惠的方法的有知识的修行者。对于后一条来说，如前所见，下文还将详述，圣徒的恩典是关键。对于前一条来说，是参与当地教会的仪式和当地社区的社交活动的问题。对于大部分中世纪的民众来说，重要的知识就是要知道如何成为本地节日中非常娴熟的演员，包括理解这些节日在日常生活中的意义。

　　这种节庆为数不少。圣诞节后40天庆祝的圣烛节，是教会年历上一个重要的节日。[4] 在举行弥撒前，要对蜡烛祝福。受过祝福的蜡烛随后就被带回家里，在暴风雨时点燃以驱鬼，或者放在病人和临终者手中。基督圣体节是一个重要的节庆。到中世纪末期，这个节日会牵涉到穿越当地城镇或村庄的大游行。游行反映了社区的社会地位尊卑。凭借本地的手工艺行会，许多人靠地方行会才能付得起本地宗教庆典的费用，行会成了这些精心筹备的大游行的主要组织机构。达菲论证说，大部分俗家信众都积极投入复活节前一周的各种仪式。会有各种宗教仪式来纪念棕树主日、濯足节、耶稣受难日、圣周六，当然还有复活节本身。在复活节前一周，民众会找一位牧师来听忏悔，好让他们在复活节那一天领取圣餐。有故事说，由于需要忏悔的人数过多，需要请额外的牧师来。缺席牧师的问题在于，他们无法在复活节告解或其他临终告解和最后仪式上到场。圣诞节也是个重要的时刻。除了重大节庆之外，还有许多为圣徒举办的庆典，如玛利亚、圣托马斯·贝克特、圣安妮、圣乔治等等。

达菲相信，这些礼拜仪式和庆典是宣传教会基本教义的一种载体，例如救赎教义的重要内容是在复活节前一周期间宣教的。对于虔诚和热心的信徒来说，这也许不假。然而，除了有些人真心虔信之外，对许多人来说，这些节日是逃避单调的日常生活、参加大众宗教仪式的一次机会。这是假日，是充分享受社区庆祝活动的一个机会。我已经注意到，通常人们畅饮啤酒，我们可以认为，人们在庆祝时无拘无束。有时本地乡绅被要求提供点心。这是社交互动的一个

126

好时机。但比这两个方面更重要的是，我们也可以推测，对多数人来说，宗教仪式具有他们理解的意义，但这种意义并不属于官方教会教义。人们分享教会仪式是表达他们自己的普遍虔诚。这种虔诚是有实际用处的。参与宗教活动表达了一种宗教信仰体系，这一信仰体系把基本神学的一些要素与对幸福和安全的渴望联系在一起。他们需要知道的是该参与什么活动，何时、怎样去参与？因此，在复活节忏悔后领圣餐，在圣烛节，领取一只蒙福的蜡烛，在基督圣体节参加游行。这样，人就做了合理、正当且正确的事。宗教，尤其是宗教信仰的基础，就借此得以有效流传。

今日西方也在发生着非常相似的事情。大众的社区庆祝活动具有宗教的基础，但并不确切地符合教会的官方教义。大多数人都充分了解该从教会拿什么、怎么用，而不需要深入探讨神学或教义。圣诞节的庆祝活动是这种情形的一个很好的例子，不仅仅是在圣诞节和圣诞节前后的宗教仪式，还包括圣诞节前后的众多歌咏和聚会。教士们在这一段时间往往有个重要作用。这个作用不那么明确。一部分是试图教导圣诞节的"真实"意义。另一部分则是迎合流行观念，即社会所教导的圣诞节概念。教士们如果挑战大众对圣诞节是什么和意义的认知，就会不得人心。在较小的程度上，也适用于复活节。这种对基督教信仰应该是什么以及它如何运作的深刻的地方知识也适用于洗礼和葬礼。人们来到这些重要的仪式上，深知每个参与者在这场戏中会期待什么。大众的知识支撑着这些仪式，不需要直白的说教。[5]

　　这就让我们回到了基督教信仰的有知和无知问题。在某种意义上，大多数人对基督教的基本教义是无知的。这是教会和学术界的神学观点。但在另一个层面上，大多数人都充分了解他们的信仰和信念如何发挥作用，以满足他们自己的要求。他们与教会互动，以践行他们透彻理解的大众宗教。这就意味着，因为无知盛行，中世纪社会的大部分人是迷信的，或者说在当时是世俗化的。但也可以说，大多数人同时也是满足其需要的大众宗教的修行者。事实上，我们可以说，当代西方世俗社会的一个特征是，人们对大众宗教该如何发挥作用是十分了解的。

代理性宗教

　　格蕾丝·戴维（Grace Davie）的《现代欧洲的宗教》一书中论证道，教会本身的边界是模糊不清的。也就是说，有些人，很可能是相当多的人，指望教会"代替全民来完成许多工作"。[6]戴维心中所想的是家庭礼拜仪式，如洗礼、婚礼和葬礼；而在全民或国家性的场合，整个社会都聚在一起哀悼或庆祝。代理性教会的支持者要求教会有持久的生命力，但不认为他们自己有责任参与教会的日常生活。教会若不能或不愿承担某些礼仪工作，尽管这些人不经常参与教会的活动，但仍会感到震惊。我们可以推测，在我们认为支持但不经常参与教会生活的人中，有约75%的人持同样的观点。在危机时刻他们会寄希望于教会，指望教会在那样的时刻为他们服务，但这并不能转化成积极的宗教义务。

对宗教的这种代理性态度有时被归因于当代西方公民所特有的消费主义心态。人们指望教会提供的服务，与人们指望保健品供应商、本地车行或百货商店提供的服务毫无不同。然而，这不是此处的论点。代理性宗教的概念具有更悠久的历史。我们可以在中世纪基督教中看到代理性原理发挥作用的证据。很可能代理性宗教是不同历史时代和文化中宗教信仰和行为的一个稳定特征。要理解中世纪代理性宗教是如何运作的，就需要理解是什么构成了更广义的基督教实践。我们尤其需要理解圣人崇拜所发挥的作用。

中世纪的人不相信他们可以凭借自己的努力上天堂。他们缺乏获得救赎所必需的道德素养。他们因此依赖圣人代祷。圣人品德高尚，为赢得上帝的怜悯提供了精神的王牌。圣人的优势地位使他们能接近上帝，所以他们能代替自己的当事人乞求开恩。圣人是德行有亏的凡人在神圣法庭的庇护人。如果圣人求情得法，个人或社区就有了强大的朋友，他能从上帝那里求得恩惠。其中意义就在于，圣人的首要作用不是作为仿效的榜样。并不指望凡夫俗子自己也像圣人般行事。相反，他们依赖圣人的代祷来维护自己的灵性健康。要向圣人求恩，而不是仿效他们。童贞的例子说明了这一点。

自从圣保罗说教以来，童贞在基督教历史中一直受到很高的尊崇。但大多数男女并不指望一辈子守住处子之身。他们希望成家，以时尚的方式结交伴侣。但中世纪的人却看重与童贞相关的法力。达菲论述道，童贞给大多数人的"与其说是效仿的楷模，因为他们中大多数人做梦也不会想到守贞，倒不如说是有待汲取的法力之源"。许多女圣人之所以受到人们的欢迎，是由于人们珍视她们英勇捍卫其童贞的价值。事实上，人们很有可能求告女圣人保佑他们多子多女，不会流产。虽然童贞是个特例，但这个原则却适用于所有圣人。在急需的时候，包括临终和来生，圣人都是有力的朋友。

　　这一原则的扩展导致了赎罪券的发行。有罪的芸芸众生可以分享圣人的圣洁带来的回报，可以通过朝圣、在举起圣体时祈祷，最终可以直接购买来获得赎罪。在多大程度上这是不是一个腐败的体制，我们这里不予关心。相反，赎罪制度把代理性宗教的原则奉为神圣了。重要的不是个人自己超群的圣洁，而是从其他人的圣洁所产生的灵修资本汲取法力的能力。这一原则代替朝圣的概念得到更进一步的说明。代人朝圣只是代理宗教的一种延伸。罗纳德·芬努坎恩（Ronald Finucane）认为，"代人朝圣"是司空见惯的现象，而且是许多遗嘱的特点。有足够财力的人热切希望兑现自己在世时的承诺，如果不能亲自兑现，也要花钱请人去办。[7]

　　当我们讨论代理性宗教时，我们显然并不认为个人在宗教活动中没有自己的作用。在中世纪社会，正如在当代社会，个人要发挥重要作用。他们的责任是要保证他们能利用别人积下的和赠予的德行。代理性原则所做的是划定各方的不同职能。少数人会是宗教活动家，过着个人的修行生活。在中世纪，修行圆满就是成圣。在我们当代，西方杰出的宗

130

教修行者的角色已由抽象的教会概念来担当。与教会有关联的个人不一定要求是圣人，但他们要遵从某些标准，在重要的社会节庆场合提供服务。而对多数人来说，目标是在某些重要时刻与这少数人建立关联。对中世纪的人来说，最典型的时刻是临终和生命中最后的灵魂挣扎。对当代西方来说，这样的时刻是特定文化事件的结果，例如戴安娜王妃之死以及家庭需要教会认可他们的人生礼仪（rites of passage）时。在这个时候，人们所需要的是一个在灵性上有能力发挥其作用的教会，让人间满意，不那么具体地说，也让天堂满意。

现代教会要履行好自己一方的职责，它对引进新思想就必须小心翼翼。当教会企图适应变化中的社会风俗时，比如关于任命男女同性恋者为神职人员的争论，人们会怀疑，对于许多人来说，这场争论的一个隐含的因素是，教会的圣洁性是否会因为这一改变而受到损害。问题是一个由拥有不同性向的人组成的教会，无论其神学上的对错，能否有效地向神求告。它还足够圣洁吗？它当然是圣洁的，但需要有具体的证据表明教会与神的交流是有效的。同理，一位主教如果试图谈论一些影响教会官方言论的神学问题，可能会发现他的合理质疑会受到非理性担忧的影响，即唯恐危及神圣的职责。再者，这对西方社会的世俗认同具有重大意义。西方世俗主义的一个方面就是指望有些人，即教会，代表多数人践行宗教。这多数人在人生的关键时刻会求助于教会，并审查教会的活动，但不会感觉到对教会的存在负有恒久责任。对大多数人来说，世俗社会的一个特征是，它有一个正常发挥

131

作用的教会，确保与神的联系，以便人们在需要时能与上帝沟通。

关爱穷人和弱者

用于比较的第三个和最后一个领域是伦理的领域。过于频繁地把中世纪社会描述为自私自利的社会是危险的。尤其是，中世纪的人似乎过度担心他们死后会怎样。诚然，中世纪社会确实有种对来生以及来生预期受罚的真实担忧。下地狱的灵魂可能受的酷刑往往被描绘得活灵活现。每种想得出来的体罚都是世俗犯罪的后果。惩罚往往是罪所应得的。因此，犯风流罪的裆部受酷刑，饕餮之徒被迫吞下令人恶心之物，撒谎者被割掉舌头。[8] 对这些酷刑的恐惧使得多数人都竭力赢取圣人在最后审判时刻的支持。这也导致人们普遍请求为逝者的灵魂祈祷。人们为死者代祷，好减轻和缩短他们的痛苦。遗嘱的一个特点是为这种祈祷分配资金。

然而，把中世纪基督教看作纯粹自私自利的宗教是错误的。除了殚精竭虑地祈求减缓炼狱的惩罚之外，还有其他的东西。中世纪基督教也有很强的伦理因素。这种因素牵涉到对失德及其报应的担忧，但基督教并未受这种担忧的左右。此外，这套伦理法规有一个鲜明的形式，我们西方人对此非常熟悉，我们认为这是理所当然的。这就是对那些最穷、最弱者的关注。纵观人类历史，对弱者的关怀并非在所有社会和文化中都显而易见。

132

这种伦理法规的存在和重要性的证据确凿。在中世纪教会的教义和祈祷实践中，七大善行尤其突出。它们是：

> 你要给饥者食，给渴者饮，探视病人，庇护穷人，施衣给赤身裸体者，看顾坐监者，安葬基督徒；这是七大善行。[9]

这些教义很显然出自《马太福音》第25章中的山羊和绵羊的寓言。显而易见，这些仅仅是虔诚的老生常谈，跟我们迄今所描述的有实用意义的宗教一样，对人们的行为没有实际影响。然而，上述寓言却是中世纪社会末世学的核心。[10] 评判一个人，不是看他表现多虔诚，或者他所宣称的教义有多正统，而是看他对待穷人和弱者的行为。人们显然期待基督徒施舍钱财给穷人。对今人来说有意思且略显奇怪的是，重要的是礼物本身，而不是施舍者的初衷。流传着的一个故事可以说明中世纪富人的虔诚：有个富人手边没有更合适的东西，就拿一块硬面包砸一个穷人。在审判时，贞女玛丽亚把富人从魔鬼那儿夺过来了，她称这个敌意的举动是施舍时发生的意外，尽管是特别不情愿的施舍。

对穷困者表示关怀的一个重要时刻是葬礼。葬礼是给穷人施舍的最后时刻。因此，在遗嘱的条款中，有财力者都会预留一笔钱施舍给穷人。食物、饮料和衣物，或者为这些133 施舍预留资金，由遗嘱执行者分发。施舍财物通常都附带一条请求，让受惠者为逝者祈祷。即使在遗嘱中没有明确的遗赠，但是在葬礼上无论如何都会分送一些财物。施舍的财物通常都是给死者教区里的穷人。葬礼施舍不一定表明死者生前对穷人慷慨大方。对死者而言，受审判的时刻迫在眉睫。葬礼施舍的价值就在于，在最后审判那一刻，它凸显了富人救济了穷人。这是个人慈善的有力证据。随着这种做法的普及，很常见的是，穷人聚集在棺材周围，这证明了亡灵应该得到他或她在世时所表现出的怜悯。

善行并不是评判亡灵的唯一伦理标准。七宗罪也是复活节圣餐仪式前年度告解的一个特色。但对穷人和弱者的关爱具有特殊意义。此外，这种关爱一直是西方社会伦理的一个特征。即使没有炼狱或地狱的威胁，西方社会仍然有关照不幸者的要求。无视最穷者或优待最富者的伦理体系是难以想象的。英国福利国家的强健生命力是这种伦理关怀的明证。福利国家从社会结构上表达了它的优先考虑，要让最穷的人有温饱，有住处，受关爱，受教育。原则上来说，道理就是如此，无论实际是多么不如人意。当围绕着提供社会福利的社会共识受到攻击之时，比如在撒切尔政府的早期，即使如此，其背后的道德原则还是受到保护。像美国这样的国家似乎依赖于一种自力更生的文化伦理，以及当社会福利不足时，作为社会基础的道德法规还是允许穷人致富。原则是，首先要为那些未能实现美国梦的人提供一些社会福利，而只有当所有人都能享受到美国梦的时候，这个梦本身才有道德意义。毋庸置疑的是，这种做法是有缺陷的，但道德上的问题取决于最贫穷的人也能获得机会。在本书的最后一章，我 134

将更详细地探讨这一点。我们对启蒙运动的研究对解决这一问题至关重要。现阶段的要点则是西方当代伦理学与中世纪伦理学之间的紧密关系。同一个关怀穷人和最弱者的原则，构成两个社会的基础。因此，我们在承认需要随后做更多解释的同时，斗胆提出西方世俗社会的又一个特点，是深植于并依赖于中世纪基督教的一种伦理。换言之，世俗主义的伦理在本质上是基督教的。

我所做的比较表明，在当代西方宗教认同与中世纪基督教之间有共同的特征。两个社会都以大众宗教的技术性知识为特征。人口中的多数都享有这种知识。它有别于教会官方正统和学术界的神学体制。权力体制往往会看不到其价值和重要性，但它是人们寻求满足感和安全感的强大资源。除了大众宗教之外，还有代理性宗教的概念在发挥作用。多数人都指望别人代表他们履行宗教义务。他们不打算亲自参加宗教活动，但他们监测其表现，好确保在需要时能获取它。西方世俗社会在技术上熟练运行宗教，也擅长评价在西方期望正常履行宗教义务的机构中所发生的任何宗教变革的意义。最后，我们也注意到中世纪社会的伦理基础：对最贫穷、最弱者的关怀。这种关怀在许多公众宗教活动减少后仍然存在，如在西方社会中那样。西方社会的伦理学只有从这一基督教遗产来看才有意义。随着我们在下一章的论述，这一点将会越发清楚。这跟启蒙运动中的事件有关。正是在启蒙运动中，我们看到公众讨论发生了变化。重要的是，建立在基督教之上的一套伦理经过对教会的攻击之后仍然存活。

第七章　启蒙运动效应

启蒙运动是西方历史上的重大事件。从17世纪中后期直
至并包括我们当今的时代，人类努力的所有领域几乎都受到
其影响。只是到了20世纪后半叶，我们才开始从后启蒙运动
或后现代时代的观点来思考，而这是个争议颇多的话题。在
本章中，我将着重探讨启蒙运动的两个方面，它们与我的探
讨尤其有关联。第一个方面是科学思维的发展。我最早在第
二章讨论了这个话题。那些认为世俗主义是人类思想进步的
结果的人，他们引证科学思维，作为人类更加成熟的一个关
键例子。这种思维在启蒙运动时期兴起。在本章中，我将更
为详尽地分析其发展。

我探讨的第二个方面是当代西方自由主义伦理持续的基
督教认同。世俗社会中很常见的某些原则和价值，其根源在
于基督教神学。这些原则和价值观持续不断的重要性证实了
基督教，或至少一种基督教遗产对于理解西方世俗社会的重
要程度。在本章中，我将探索这些原则和价值是什么，以及
他们是如何与基督教神学相关的。

本章的目的是要论证西方世俗社会具有双重身份的特征。科学思维取代了基督教，成为西方占主导地位的技术，与基督教的伦理学并存，而基督教的伦理学又得到了民众对上帝的坚定信仰的支持。在某种意义上，我认为史蒂夫·布鲁斯说得对，他说，当人们说他们信上帝时，他们的意思是，他们是善良、体面的人。但这不是因为我认为信仰的说法是空洞的，没有神学意义。因为我在推测，人们关心的是道德，关心的是如何做好人。他们相信上帝的概念在他们的努力中是重要的。他们把对上帝的信仰作为自己道德努力的一部分。这是基督教在西方社会中继续发挥的作用。以信仰上帝为基础的一种清晰可辨的基督教伦理，是大多数人希望立身行事时的行为指导。

本章以什么是启蒙这个问题开始。这将确认我称之为启蒙运动的时期，并且描述这一时代所特有的重要思想。这既是描述新的科学发现或哲学体系，也是描述一种精神特质和时代氛围。然后我将审视科学思维的发展。这将包括对艾萨克·牛顿爵士的重要性的讨论。第三部分将审视启蒙运动和基督教的关系。我将审视这一关系的两个方面。第一，我将探讨反基督教情感的本质和程度。启蒙运动被称为对教会和基督教信仰发起严厉攻击的时期。第二，我将调查西方自由伦理学中的基督教认同。是什么使自由主义以其当前的西方形式成为基督教？这一讨论对于我在本书中的论述具有重要意义。我所提出的理论是，西方世俗社会就其技术而言是科学的，就其伦理而言是基督教的。

137

什么是启蒙运动?

"什么是启蒙?"这个问题在人类历史上曾令最伟大的一些头脑百思不得其解。在这份伟人名单中,就包括启蒙运动的,(有些人甚至认为是)现代最重要的哲学家伊曼纽尔·康德。这个问题不同于另一个问题:"什么是启蒙运动?"前者所问的是构成启蒙现象的智力思想和文化风气。后者更为平淡无奇,因为它问的是,所讨论的是哪个历史时期?关键的思想家和作家都是哪些人?但这两个问题是相互关联的。那些创造了新风气的思想家与作家拥有原创的思想;这些思想使得这个历史时期如此鲜明。因此,我将审视两个问题。首先,我将确认所讨论的这个历史时期,然后再对启蒙的特质进行探索。

彼得·盖伊教授在他那两卷本的鸿篇史著中认为,18世纪是启蒙运动的关键时期。[1]他提出了两个发人深省的日子作为方便讨论的边界。开端可从1688年和英国光荣革命算起;结尾则以1789年法国大革命为标志。这并不是说启蒙思想在1688年之前不为人知。也不是说在法国大革命的动乱之后,启蒙思想就销声匿迹了。事实远非如此。但是在18世纪之前,这些思想缺乏革命力量,这种革命性力量使之成为对现代来说如此重要的思想。而在1789年之后,氛围与风气都大为改变。尽管启蒙运动对其后几代人继续发挥深远影响,然而,给予启蒙运动最初动力的那种思想和文化气候却寿终正寝了。

盖伊确认了这一时期内的三代作家。[2] 这些人（他们均
138 为男性）都是奠定启蒙运动基调的关键人物。列出他们的名
单是很有裨益的，好让我们知道，当我在谈论启蒙运动时，
我在探讨哪一位。第一代人中的翘楚为孟德斯鸠和伏尔泰。
约翰·洛克和艾萨克·牛顿的理论仍然新颖、颇有挑战性之
时，孟德斯鸠和伏尔泰从中汲取灵感。第二代人出生于18世
纪之初，在18世纪中叶成熟。他们包括富兰克林、休谟、卢
梭、狄德罗和与他合编《百科全书》的达朗贝尔。正是这一
代人创建了全新的、独创性的现代世界观。第三代人包括霍
尔巴赫、莱辛、杰斐逊、康德和杜尔阁（Turgot）。这些作家
和思想家汲取并发扬光大了早前哲学家的理论，在哲学、科
学、经济学、法学和政治学领域，[3] 把启蒙运动带到新的方
向。如我们在后文所能看到的那样，盖伊的这份名单绝非毫
无争议。

显而易见，每一代人之间都互相关联。伏尔泰不遗余力
地普及牛顿的科学方法和他的新发现。此乃大功一件。康德
把卢梭视为对他最重要的影响之一，而且在书斋里挂着一幅
卢梭画像。霍尔巴赫在他对基督教的攻击中，借用了休谟的
思想。这几位思想家之间部分是传承关系。后代作家可以借
鉴发扬前人的著述。据盖伊之见，这也是启蒙时期所存在的
共识之例证。它证明了体现在时代精神中的重要连贯性。在
最近的学术研究中，那种认为整个启蒙时期有一种重要的一
贯性的看法受到猛烈批判。在审视这些批评意见之前，我们

首先需要理解盖伊所认为的这个时代特有的共识。

伊曼纽尔·康德在《什么是启蒙？》一文中回答了这个问题。这篇文章于1784年投稿给《柏林月刊》这份启蒙杂志。[4]康德参加了该杂志所组织的一次论文竞赛。文章的第一段是对启蒙运动精神的著名总结：

> 启蒙运动是人类脱离自己加之于自己的不成熟状态，不成熟状态是不经别人的引导，就对运用自己的理智无能为力。当其原因不在于缺乏理智，而在于不经别人的引导就缺乏勇气与决心去加以运用时，这种不成熟状态就是自己加之于自己的了。Sapere aude！要有勇气运用你自己的理智！这就是启蒙运动的口号。[5]*

这段引语抓住了流行于启蒙时期的那种自信和自由的感觉。自信来自人类战天斗地的能力。多少世纪以来，倘若不是说在此前人类的全部历史中，人类一直都是自然的受害者。他们遭受了瘟疫和饥荒、洪水和地震、疾病和饥饿。悬在人类头顶上的是一种真实的压抑感：自然灾害迫在眉睫。除了自然的残酷之外，还有人类施加给自身的创伤。战争和暴力与脆弱不稳的和平相交替。在启蒙运动时期，这一切都开始变化了。当然不是一夜之间的变化，它需要时间。但是一种新的精神出现了。批判性的研究和探索，尤其在科学上的长

---

* 本段采用何兆武先生译文。

足进步，意味着人类可以开始施展才能了。他们能够学会理解并控制围攻他们的一些自然力量。人生不再是一系列无法解释的神秘灾难。知识与理解、探索与批评，给了人们一种施展其才能的自由感。而这些，正是批判的精神、勇于求知、探索、评判、分析与理解，成为人类成长和成功的工具。

启蒙运动时期有时被称作"理性时代"。彼得·盖伊提出了这一思想。在他看来，把启蒙时期称为"批判时代"更合适。哲学家们相信，理性并不是启蒙的唯一工具。理性不一定会导致行动，也不是有效探索的唯一工具。[6] 批判这个更为宽泛的概念，完成了这些任务。若要进行批判，必须具备两个条件。首先必须要有一种自由的感觉。即免于专横跋扈的体制和思想控制的自由。这是一种实验的自由，学习新事物、表达新思想的自由。其次，必须要有人或机构作为批判对象。需要有批判的对象。18世纪提供了这两者：教会和政治机构。它们是哲学家们经常严厉批评指责的目标。事实上，启蒙运动的特点是批判宗教和政治的愿望和意向。这样做并非没有其风险。哲学家们可能会冒犯当局，从而遭受迫害。他们有时不得不背井离乡，逃到更自由的国家去寻求避难。但是他们坚持批判教会和国家，而且往往加倍努力。

哲学家们的批判灵感出自古希腊罗马的古典来源。彼得·盖伊称哲学家们是"现代异教徒"。哲学家们所做的是利用他们的古典学问作为批判基督教的工具。古人是将他们从基督教遗产和监护下解放出来的一种手段。随后，他们弃置不用古典，转而构建一种现代世界观。启蒙是"古典主义、不敬神和科学的一种不稳定的混杂物"，正是在这一点上，他们可说是现代异教徒。[7]这些人所寻求的现代世界观被精准地概括为：

> 启蒙时期的人统一在雄心勃勃的纲领下，一个提倡世俗主义、人本主义、世界主义和自由的纲领。尤为重要的是，多种形式的自由——不受专制权力管控的自由、言论自由、贸易自由、发挥自己才能的自由、审美反应的自由，一言以蔽之，一个道德的人在世界上自己闯荡的自由。[8]

人类已经长大了。他们已经是成人了，可以自己在世界上闯荡了。他们不需要教会的神话和迷信来安慰他们，解释他们的人生。他们也不再需要压迫人的政权来监护自己。人们能够而且应该拥抱他们新的自由和新的知识。随着人类理解力和能力的增长，他们怀着时代精神，准备好迎接一个光荣的未来。科学冲锋陷阵，宗教被扔进了历史的垃圾箱，人类向美好的未来进军。这就是启蒙。

或者至少来说，这就是启蒙的愿景。显然，没人相信所有的可能都会立即实现。用康德那句名言来说，并非人人都启蒙了，但这是启蒙的时代。我们所描述的是新时代的精神。有一种启蒙的风气，它充满希望，信心百倍。话虽如此，我们未经论述一些重要的限定条件，就不可提出这一愿景。第一条不那么严重。盖伊在他的研究中展示了这一

141

条。[9]这就是认识到，在启蒙运动的发展中，有各种重要的国别差异。例如，法国人领头闹革命，他们严厉批判教会与国家。相对而言，英国人对他们的宗教和政治体制一般比较满意，他们也闹过革命，而德国人则"几乎完全不涉政治"。盖伊说道，意大利人往往与国家协作，以带来变革。因此总的来说，盖伊知道有文化和历史的差别，这些差别影响了哲学家们的主要优先考虑项。但是这些差别并不足以构成足够的变异，以致挑战启蒙运动的统一性。在精神上已经达成了共识，并有了共同的认同感。事实上，有足够充分的共同目标，可以认为哲学家们是一个家族，虽然往往是一个争吵不休的家族。启蒙运动的风气如此盛行，这些区域性差异并不能否定时代的共同精神。

142　　然而，其他人对我称之为启蒙运动的一致性，却并不如此信服。尤其是有一个论点认为，我们描绘的这幅启蒙运动的图景，是男性的和精英主义的。它只关系到伟人及其思想。[10]付诸阙如的是妇女、穷人和被压迫者以及非西方的声音的贡献。例如，在启蒙运动时期的书面文献中，大部分都没有探讨关于科学和哲学的宏伟思想。这种文献由旅游指南、通俗小说、春宫文学、童书和古典历史教科书构成。大部分都已湮没无闻，但是这些书的生产却构成了启蒙运动时期的主要经济。米歇尔·福柯曾经描述过启蒙运动中被社会遗弃者的命运。界定理性和通情达理的行为的一个后果，就是把社会先前不人道对待的人置于各种济贫机构中。盖伊在研究中承认，一些妇女曾发挥过某些作用，但只不过是密友或情人的角色。她们对思想的贡献学者们往往视而不见。最后，启蒙对西方殖民地的许多人的意义，跟西欧少数幸运儿的经验大相径庭。科技在战争和种族灭绝中造成了许多令人惊愕的后果，但也创造了毫无疑问的医学福祉。因此，我们关于启蒙运动作为一个科学和知识大进步时代的统一图景略过了许多重要人物。归根结底，这是人类历史，而人类历史几乎没有或很少有一路向前之时。

问题就在于，这些不同的历史是否使得总结和界定启蒙运动的任何努力成为毫无意义之举。在某种意义上确实如此。我们不能希望注意到动荡的18世纪所发生事情的所有不同方面。话又说回来，写一本面面俱到的历史并非我们的目的。鉴于我们的研究目的，我们不需要分析法国大革命时期穷人的作用。我所关注的是围绕着科学与伦理主题的思想变化。对这些问题，只关注哲学家们所发起的知识文化里的变革就足够了。同时我们也承认，这不是一幅完整的图景。我也不是说，这些变革确切无疑地对所有人都好。它们显然不是这样的。但是在当下这个阶段，我所关注的重点是这些变革的性质。只是在最后一章里，我才会考虑一些伦理问题，这些问题影响了我们的后启蒙社会。我心中怀着这一优先事项，接下去考虑一种科学思维的发展。

科学思维

启蒙时期有两项杰出的成就。第一项是艾萨克·牛顿爵士的生平和事业。第二项就是狄德罗在早期由达朗贝尔协助编撰的《百科全书》。这一卓越的生平和宏伟事业阐明的是启蒙哲学家们所颂扬的新的科学思维。在启蒙的这两个卓越榜样身上，观察、细致研究和分析把旧的迷信和神话一扫而光。它们是那个时代登峰造极的成就。

18世纪是一个难以置信的创新和进步的时代。[11]撒缪尔·约翰逊评论道："这个时代疯狂地追求创新，世上的一切事情都要以新的方法来做；连死刑都逃不掉创新的狂热。"[12]死刑犯是否对参与进步时代乐在其中，这一点不得而知。可以肯定的是，他们是新事物与改良事物的广泛体验之一部分。这种创新和变革如此普遍，所向披靡，其原因是它们是有意为之的，而且是有组织的。彼得·盖伊对这种情形做了精彩描述：

17世纪建立起科学院，其目的是为可靠的技术信息的交流和传播提供便利，为18世纪树立了一种楷模。启蒙时代是学院的时代，医学院、农学院、文学院，每种学院都设立奖项、创办学报，还有出席人数众多的会议。在学院内外，在工厂和车间里，在咖啡屋里，摆脱了传统束缚的理解力往往不理睬审美顾忌或宗教约束，致力于寻求实际效应，它与科学家们保持联系，并对技术改良做出了贡献。[13]

由颁发专利所证明的新发现数量，从1600和1760年间每

10年平均60项上升到1760至1790年间的每10年平均325项。这使得人们越发感觉到生活在快速变好，当然绝非完美，但明显好多了。

最重要的改进领域是医学。医学正建立在扎实的科学基础之上。它与炼金术和占星学的奥秘分道扬镳，与家传偏方和乞求圣人施救那种早期的随意性也分离了。医学正在汲取启蒙运动中的实证研究之风。从医者往往都是哲学家，而启蒙哲学家中许多人都学习过医学，或是医生的好友。在医学领域，启蒙运动中的各种思想为人类福祉带来最大的利益。人们不再完全是他们体质的受害者了。这并不是说医学进步的过程不缓慢，未受抵制。许多江湖庸医欺诈天真无知的人。专业的医学机构可能被年老的从业者主宰，他们怀疑新科学的优势。医学科学中最尖端的技术仍然是普通大众财力所不能及的。但是医学的未来得到了启蒙风气的支持。医学、哲学和启蒙时代精神的融合，其最好例证是当时最著名的一位医生赫尔曼·布尔哈夫（Hermann Boerhaave）。他在莱顿的医学院吸引了来自整个西欧和美国的学生。他的治疗方法有意义的地方，就在于他声称这是牛顿式的。这是启蒙运动中的最高荣誉。这是一个迹象，它表明迷信和玄学"假设"这些老方法被抛弃，采纳了新的创新疗法。布尔哈夫声称他的疗法是牛顿式的，导致我们去探究这个伟人的重要性。

艾萨克·牛顿爵士作为启蒙运动中的伟大英雄脱颖而出。人们公认他奠定了现代科学诸多学科的基础。他生于

145

1642年，1669年他成为剑桥大学的卢卡斯数学教授（Lucasian Professor of Mathematics），因为他在年仅23岁时就奠定了微积分的基础。他最伟大的著作是《自然哲学的数学原理》，1687年用拉丁文发表，1713和1726年两次修订，1729年用英语发表。[14] 他的著作受到伏尔泰的推崇，伏尔泰称他为有史以来最伟大的人。伏尔泰写道：

> 若说真正的伟大是被上苍赋予绝伦之才，并用以启迪自我和他人，那么像牛顿先生这样的人（千年难遇其俦）确实伟大，而那些政客与征服者（哪一世纪均不乏此类）都不算什么，只不过是名声显赫的恶棍而已。[15]

伏尔泰从不忌讳夸张。但是他的描述和他为宣传牛顿所做的工作恰好证明牛顿的根本重要性。牛顿的影响是无处不在的。他的科学方法论、他的数学运用、他的观察和实验，在自然科学和社会科学的所有发展中的领域里都被模仿。伏尔泰声称："我们现在都是他的门徒。"休谟试图成为"道德科学中的牛顿"。[16] 牛顿符合启蒙时代天才的形象。他是一个奇人，沉迷于他的研究，不屑于理睬环绕着他的发现的争论。他远见卓识，揭示了宇宙的奥秘。关于他的种种传闻，尤其是那坠落的苹果的传说，使他的天才光环愈发耀眼。更有甚者，无论他的科学研究的实际地位如何，对我们和启蒙哲学家来说，他体现了启蒙运动时期知识革命的精髓。

牛顿的成就推翻了笛卡尔方法论的主导地位，在法国尤其如此。我不必进行详细的研究。只需要说，笛卡尔采用演绎推理来解释自然现象，而牛顿则是实证的和归纳的。笛卡尔不会用感官来研究宇宙。他运用理性思考来探索周围的世界。牛顿则探究细节。他的理论建立在他的观察和分析之上。这使牛顿去揭露笛卡尔宇宙论的某些荒谬之处，尤其在他的代表作的第二卷中。通过严谨的实证调查，牛顿把笛卡尔的两个观念归为无稽之谈。其一为宇宙充满着物质，其二为行星被拖拽着绕太阳涡动。到目前为止，牛顿的科学更为成功。牛顿之后，对这一课题感兴趣的所有人都很清楚，万有引力定律可以更好地解释宇宙。物理学和天文学的这些胜利，使牛顿的方法在科学的所有方面都占主导地位，包括医学和社会科学。基于演绎推理的假设，在看重实验和观察的实证科学世界没有立足之地。

这是科学思维的胜利。但这并非毫无质疑地全盘接受牛顿物理学，即使牛顿也没有完全经受住时间的考验。但这是在通俗层面上经验主义对形而上学的胜利。公共领域需要基于观察和归纳推理的事实和解释。在社会科学领域，如同在自然科学领域，情形皆如此。这是主宰着世俗化西方社会的思维模式，宗教竭力与之共存。尽管受到后现代的质疑，这种思维仍然存在。我在最后一章会论述这一点。

这促使我要谈谈关于牛顿的最后一点。终其一生，牛顿 147 都是个基督徒。他相信上帝是万物之主。他相信《圣经》摩西五经《创世记》的记述，即上帝创造了世界和所有的生物。他相信，要么凭借自然法则，要么靠神迹的干预，上帝阻止了群星互相碰撞。上帝也纠正了太阳系中由彗星和行星轨道所造成的不规则运转。牛顿相信，自然法则本身是上帝所造，可以通过上帝的行动来纠正和改变。牛顿从来都无意破坏对基督教上帝的信仰。他本人是一个热诚的神学家，虽然他同时也对炼金术和古代纪年感兴趣。他的追随者以他的论点作为理由，相信自然是上帝的合理设计。从以上论述来看，牛顿似乎是个自然神论者。盖伊坚持认为，牛顿不可能是自然神论者。他若不是神学正统论者，就不可能保住他的剑桥教席，后来也不可能成功地从政。牛顿的科学发现从来不是以损害他的基督教信仰为代价的。

无需过度强调这一点。我的意图并非是绑架牛顿来支持基督教的事业。但是我们能够注意到，牛顿仅仅代表了科学思维与持续信仰上帝的结合。牛顿的神学研究在该学科中的地位无法与他的科学成就相媲美。事实上，他的神学被忽略了，默默无名。但是尽管他研究炼金术，对摩西五经做前批判的解读，但牛顿是一个现代人。甚至可以认为，他是现代西方的世俗之人。也就是说，他是一个拥有科学头脑和宗教信仰的人。

若说牛顿是启蒙时期的英雄天才，那么启蒙时期最重要的一个项目是《百科全书》。这部著作由17卷文本和11卷图版组成。[18]大部分卷册都在1750年和1763年之间出版。其主要设计师是狄德罗，虽然起初有达朗贝尔协助。狄德罗大半生都致力于建设这个巨大的知识宝库。《百科全书》体现了启蒙运动梦想的精髓，尽可能多地收集了技术知识。《百

148

科全书》的撰稿人都是一时之选。其收录的标准，至少如其公开声称的那样，收录任何科学的内容，意为任何实证的内容。它的目的有二：一是反对传统和过时的信仰和实践。二是尽可能广泛传播新知识。这将使启蒙科学家在振奋人心的发展基础上有更多新发现。这套百科全书价格昂贵，但即便如此，还是卖出了4000册，在法国传播甚广。

尽管有此初衷，《百科全书》的各卷却不仅仅局限于探讨科学事实。书中也辩论和探讨了时代精神。因此，在政治、宗教和哲学方面也有涉猎。这些条目中所表达激进、有争议的观点当然有必要加以掩饰，以躲避政府书报检察官那挑剔的眼光。撰稿人人数众多，当然意味着意见纷纭，各抒己见。很多观点都很有水平，因为撰稿人中不仅有狄德罗和达朗贝尔，甚至还包括孟德斯鸠。反之，《百科全书》也有助于传播他们的思想。在许多条目中，启蒙运动的主导精神确保了压倒一切的共识。它们反映了时代精神。盖伊认为，其探索艺术、手工艺、哲学、政治、神学和语言的材料范围，且不说科学的材料范围，更证明"恢复了勇气，恢复了18世纪文明的多样性、丰富性和活力"。[19] 据狄德罗之言，这一项目的目的是要改变人们的见解，从而改变他们的生活。对许多人来说，这恰恰是实际所发生的。他们学到的以及《百科全书》各卷所传送的，代表了启蒙运动的科学思维。他们现在应该转向科学及其实践者，而不是教会及其神话和迷信。

科学思维在启蒙运动时期出现并大获全胜。这并不是说

149

在更早的时代没有其前兆和先行者。但是在启蒙运动之后，就不可能倒退了。新科学——即数学、经验主义、观察和实验——赢得了对演绎推理、迷信、神话和形而上学的斗争。后者仍然存在于老派科学家、某些哲学家以及芸芸大众中。但是科学不会退回到那些方法来做其事实陈述。观察导致知识。证据如果要为人接受，就必须是可被经验证明的。对经验性证据的任何阐释仅止于阐释。阐释可能会受到事实的挑战。科学不再是神学性的，也不是任何笛卡尔意义上的哲学性的。科学已经长大成人，抛弃了过去的迷信。即便是最富思辨性的科学，如现代宇宙学或量子物理学，也要通过观察和实验所得来验证。这一切都在大多数人的经验之外。对西方的大多数人来说，科学思维统领一切。伏尔泰说得对：我们都是牛顿的门徒。

启蒙运动的反基督教

我们在前面讨论过的艾萨克·牛顿的基督教信仰提出了一个更普遍的问题：在启蒙运动时期，反基督教的情绪有多高？牛顿在多大程度上是个例外或是常态？启蒙哲学家与他有同样的信仰，抑或如人们普遍以为的那样，启蒙运动是一个基督教和教会受到广泛而恶毒攻击的时代？毫无疑问，我们将看到的是，举足轻重的哲学家严厉批判了教会。他们强调教会的荒诞，攻击教会的教条主义，但他们并没有从根本上反对宗教信仰的思想。他们有时看到一种民间宗教的作

150

用，尽管这种宗教是在一个多元的、自由的和都市社会的背景下。

启蒙哲学家经常谴责教会。在法国、西班牙和意大利，这就意味着谴责罗马天主教会。在英国、荷兰、德国和其他西欧国家，情况更为复杂，因为有数种新教教会并存。然而，正如在英国那样，有时存在着一个国教教会可以攻击。法国人最刻薄。[20]用罗伊·波特教授的话来说，他们肆意"嘲讽教士为性变态者，修士为饕餮之徒，僧侣和修女是淫棍，神学家是钻牛角尖的人，宗教裁判官是虐待狂般的施酷刑者，教皇都是自大狂"。这种毒舌的理由是因为教会是启蒙的敌人。启蒙哲学家相信，教会蓄意系统性地压制普通人。腐败而伪善的教会使人们无知而迷信。教会利用其教义加强其权力。教会传播一些关于神迹的不科学的无稽之谈，并且用地狱和炼狱的折磨来威胁儿童与轻信者，以巩固其政治权力。教会之所以能这样做，是因为它掌控着如此多的学校。它把年轻人和妇女骗进男女修道院里去。教会把所有那些不赞同其教义的人都谴责为持异端邪说者和异教徒。通过迫害伽利略，这种做法极大地限制了科学思想的发展。仅此一点就是十足的罪行，会让启蒙哲学家怒火中烧。更有甚者，教会还想限制思想和言论自由。在启蒙运动的知识分子眼中，这是头等大罪。他们不能忍受一个宣称自己已经拥有真理的组织。

因此，孟德斯鸠骂教皇是魔法师；休谟把赞成上帝存在的传统论点驳得体无完肤，吉本将灿烂的罗马文明的终结归

罪于基督徒。在所有那些攻击教会的人中，伏尔泰也许是最
著名的。他始终有一句尖刻的妙语武装自己，可用来骚扰教
会。他接手了臭名昭著的加拉斯（Calas）案。加拉斯家族是
新教徒。家中长子被发现身亡，谣传是他父亲杀害了他，因
为他正要改信罗马天主教，改宗的耻辱令这家人难以忍受。
父亲受审，被判有罪。伏尔泰认为他无罪，但无论有罪与
否，这件案子所揭露的是基督教派别斗争的有害影响。和平
的宗教导致要么父亲杀子，要么一个人被冤枉处死。对伏尔
泰来说，这个案子证明了基督教的冥顽不化与暴力血腥。

　　伏尔泰的反教会宣传代表作是《赣第德》。这是对头号
基督教哲学家/神学家莱布尼茨的攻击。在这个故事中，莱
布尼茨被丑化为一个滑稽可笑的人物，家庭教师潘格罗斯博
士。赣第德出门在外，连遭不幸，他不断地重温潘格罗斯那
空洞的陈词滥调"万事皆完美"。盖伊把《赣第德》称作世
俗的道德故事。故事的中心人物年轻人赣第德接二连三地惨
遭不幸，故事的真实性叫人难以置信。但是赣第德所遭遇的
世界也不是魔幻仙境。生活被描绘成残酷危险的，人们贪心
不足，充满淫欲，诡计多端。自然界也有给人带来巨大痛苦
的习惯。赣第德目睹了里斯本大地震，这场地震对18世纪社
会影响如此巨大，他也目睹了这场天灾之后的愚昧迷信。在
这一切现实主义的描写中，没有魔法或奥秘的一席之地。这
是一个完全没有祈祷和迷信的故事。在故事的结尾，赣第德
无奈接受了人类经验的有限性。盖伊对小说最后一句话做出
充分阐释，即对赣第德经历的最终反思。对潘格罗斯的玄学

冥想，赣第德答道："说得倒不错，但是我们必须耕耘自己的园子。"

这里，在故事的最后一句话中，伏尔泰把古代哲学的教训融为一条训令：人来到世上是要受苦，也要主宰自己的苦痛。人生是一条沉船，但我们别忘了在救生船上引吭高歌。人生是一片荒漠，但我们能把自己这个角落转化为一座花园。谈话是令人愉快的，但只有当它指引我们去履行义务，实现可能性的时候，才是有用的。因为没有清楚的义务概念，行动就是不负责任的；没有对我们潜能的充分理解，行动就是不现实的。正如斯多葛派很久以前所说，哲学的使命是发现什么是我们能力所及，什么超出了我们的能力？因此，从最具体的意义上说，《赣第德》是一个道德故事，它用实例教导我们现实主义道德思考的至高无上地位。[21]

在他生命的最后阶段，伏尔泰成了一个无神论者。1755年的里斯本大地震彻底摧毁了他思想中残留的仁慈上帝创世的概念。那场自然灾害中的死亡和痛苦，使他难以接受自然背后有一个仁慈的设计者。其他人通过自然神论也走了一条类似的通往无神论的道路。他们像伏尔泰一样，把古典哲学作为一种工具来批判基督教的教会。

意味深长的是，尽管教会受到了猛烈的攻击，尽管个别的无神论的例子，启蒙哲学家作为一个整体，并没有主张所有宗教的终结。人们对宗教信仰观的反感有可能言过其实。这倒并不是说教会不受攻击，它当然是受攻击的。但是，许多启蒙哲学家能看到世俗宗教形式在社会中的位置。这是吉本的观点，他在罗马时代看出了世俗宗教的价值。有一段时间，伏尔泰也持这种观点。众所周知，伏尔泰认为，宗教对仆人和自己的妻子是好的，因为它可以保证维持道德水准。这种类型的世俗宗教并不意味着就是基督教。其他人，比如卢梭和普莱斯特利，似乎持有一种更具灵性的宗教观。这意味着，尽管有著名的伏尔泰的论战或休谟的怀疑主义的例子，认为启蒙运动纯粹是一个无神论和不信宗教的时代，是错误的。尽管新的科学思维大获全胜，但情形要更为复杂。

自由主义伦理的基督教身份

行文至此，我们论证了启蒙运动对当代思想的主要影响是科学思维的出现。这有损于基督教教义。科学思维作为现代时期的功能性技术超越了基督教。与这一发展并行的是，自由主义作为启蒙运动的结果，作为主宰当代西方社会的伦理体系登场了。人们提出了一些关于自由主义的疑问，例如后现代学者提出的那些问题，我将在最后一章加以探讨。但我的论点是，对大多数人而言，自由主义仍然是最重要的伦理意识形态。在本节中，我将论证，自由主义深深植根于基督教神学，而这些根源继续塑造自由主义的现代形式。我尤其首先要论证，个人主义由于其基督教历史才有意义。随后我将审视一些关键的自由概念，比如进步、希望和人本主义等概念。我认为这些都是基督教的表达形式。这等于是说，自由主义是世俗基督教的表现形式。源自自由主义的伦理是基督教在西方世俗社会所采取的形式。

西方社会的道德身份与基督教之间的关系被政治理论家所探讨过，尤其是拉里·赛登托教授（Larry Siedentop）和约翰·格雷教授（John Gray）。[22] 赛登托承认，宣称基督教塑造了现代西方社会的伦理，似乎是一种怪异的声言。他承认，因为我们必须承认，诸如霍布斯、休谟直到约翰·斯图尔特·穆勒等伟大的政治哲学家都是反对教会干政和反宗教的。这里提出的并不是企图把这些作者基督教化。但这是试图理解使他们能够像他们那样思考的哲学和宗教框架。

西方文化的中心是个人的概念。这个观念源自这一信仰：个人能够行使他/她的道德意志。个人有地位，意味着他们作为个人可以做道德和伦理的决定。个人道德意志的存在是基督教与希腊人对普遍性的关注以及犹太人优先顺从上帝旨意相结合的产物。基督教引入了这样的观念，即我们在根本上是平等的。人是上帝的子民。这在古典社会并不都是这样看。由于犹太教、希腊精神和基督教的融合，人类与神的关系变成个人的而非部落的关系了。基督教看重人对神的意志的反应，不仅建立了新的人与上帝的关系，而且最终建立了一套新的社会关系。用赛登托的话来说，"基督教的上帝观为日后成为一种前所未有类型的人类社会奠定了基础"，他所指的是民主制。它不同于古典时代的民主制，因为它的

154

思想基础是人的根本性平等。

西方个人主义至少是"残存的基督教"。它也许不止于此，因为它可能是改良的基督教。基督教的上帝仍然存活在一种假设中，即我们作为个人都可以发挥作用。就是说，我们假设人类有权拥有探索真理的能力。我们作为个人，而不是作为部落或社会，可以理解并探索现实的本质。因为我们的个人主义，我们的良知和我们的个人判断都拥有其地位。因为我们拥有个别的和普遍的道德地位，因而拥有平等的自由和平等的权利。这些个人权利使社会能够以民主的方式运行。在西方，民主的伦理地位是不容挑战的，不管其实践中有何缺陷和瑕疵。

问题是：我们如何解释世俗主义的反教会情绪以及现代 155 社会的多元主义？赛登托认为，在中世纪，教会习惯了社会中占有强大的政治地位。正因如此，它丧失了对人类平等的坚定信念。教会因此抵制了18世纪中那些人的企图：他们想用根本性平等，即所谓天生平等的观念去攻击教会。[23]如他所说："平等自由的愿景事实上是教会所培育的，但后来却反过来反对教会本身。"教会是社会精英主义和保守的等级制度的堡垒，在教会早期它曾以平等的名义挑战过这两者。大多数人平时都不上教堂了，也不再关心基督教神学的问题，这个事实不应该掩盖下边这个事实：西方自由主义由于其基督教根源才有意义。教会遭受咄咄逼人的自由主义的攻击，正是以教会本身已经遗忘的一种基督教神学的名义进行的。此类攻击督促回归基本的基督教信念：人是有能力做出选择的有道德的个人。

在对多元主义的讨论中，赛登托对个人多元主义和群体多元主义作出了区分。如果后者的结果是限制个人自由，在伦理上就会被西方社会拒斥。如果一个群体主张，它所有左撇子的成员都应该被拒绝受教育，在西方它就会受到道义的谴责。这样一个群体拒绝了个人一个基本的权利。在个人多元主义中，个人通过行使选择权，被赋予了伦理地位。因此，如果个人选择在接受义务教育阶段后不再接受教育，因为他们是左撇子，那么这可能被斥为不正常和判断失误，但其道德地位还是站得住脚。我们的目的是改变这种个人判断，而不是剥夺个人行使选择的权利。

这个例子的意义在于，西方（个人）多元主义、宽容乃至怀疑主义的概念，不是否定性的信仰，而是基督教文化的产物。认为这些是否定性信仰，就错失了西方历史的一个重要部分：

> 它忽视了这一事实：西方对国家与市民社会、公共 156
> 与私人领域、纯粹服从与道德行为的区分，其本身就源
> 自基督教的一些设想。也就是说，这些区分基于一个假
> 设和评价的框架，这一框架大致可以说是个人主义的，
> 在重要的方面对应于基督教神学的框架。社会是由个人
> 构成的，每个个人都有其本体性基础，这个假设是对上
> 帝眼中灵魂平等这一基督教前提的转换：基督教所预设
> 的根本性的地位平等，尤其是通过自然法传统，成为一

种手段，中世纪以降到现代的西方思想家借这一手段，在作为道德主体的个人与其碰巧所扮演的社会角色之间，不断做出系统性区分。[24]

这就意味着"基督教本体论为通常所称的西方自由主义价值奠定了基础"。在某种意义上，这里所论证的不应令人惊讶。一个从基督教过往中出现的社会，会在其持续的生命中展示出那种过往的迹象，也是预料之中的。然而，出人意料的是，西方社会反复相信，它已经拒斥了它的基督教过往。世俗主义的出现，尤其是以自由主义的形式出现，就是清除基督教。此处的论点是，基督教仍然存在。它坚持据说已经取代了它的意识形态。更有甚者，由于基督教倡导根本性的平等，用一个普遍的看法来表述，即所有人都是道德主体（即人人都是个人），因此自由主义不过是基督教的另一种形式。只要个人比群体拥有更高的道德地位，西方社会的伦理认同依然明显是基督教。

157　　关于西方自由主义的基督教认同的同样论点，还可以用不同的方式表述。我们到目前为止所审视的问题，都集中在西方自由主义及其基督教认同的下层结构上。另一个方法是，选取自由主义的一些特征，把它们与基督教神学的成分关联起来。这是约翰·格雷的方法。[25] 他通过提出对人类的一种虚无主义理解来进行论述。这就突出了为常人所持有的许多西方观点的基督教预设。例如，人文主义对进步的信仰，即人类的科学知识能够增长，从而增强人掌控自然的力量这个概念，无非是基督教人人都能得到救赎这一思想的世俗版本。这个思想依赖于同样是基督教的观念，即人类与其他动物不同。人有特殊的地位。但自从达尔文以来，我们知道实情并非如此。而在一个后达尔文的世界里，进步的概念只是一种幻象。[26] 这是因为只有通过演化来谈人类的存在才有意义。这不是进步，这是生存或演化。

同样，真理的知识会解放人类，这个概念也是一个谜思。现代人对真理的信念，尤其是关于科学真理的信念，是一个缘自苏格拉底的古代信条。这个信念被传给了柏拉图，经过柏拉图传给了基督教，后来又传给了人文主义和科学思想。现代人文主义是这一信仰：通过科学，人类能够知道真理。正如格雷所言，"如果达尔文的自然选择理论是对的，那么这就是不可能的。人类心灵为进化的成功服务，而不是为真理服务"。人类被构造成传递基因，不是探索任何事物的真理。事实上，进化在自我欺骗时，反而会更兴盛。那种相信"我会终生不渝地爱这个人"的自我欺骗，可以被用来做出令人信服的盟誓，会吸引一个配偶。这一切都充实了格雷的结论：人文主义是一种"用基督教神话腐烂的残片拼凑起来的世俗宗教"。[27]

人文主义谬误的本质就在于它相信人类有别于其他动物。在这一点上它跟随基督教。基督徒相信他们是特殊的，因为他们是上帝独一无二的造物，并得到上帝的拯救，也能行使自由意志。人文主义者相信自己是特殊的，因为他们有自主决定权。但这就预设有个人意志存在，而格雷则认为这 158

只是一种幻觉。个体是虚幻的。有意识的身份这个概念是我们各种冲动之冲突的产物。格雷论证道，连贯一致的身份这个概念只是个构想，一个中心的控制性"人格"藉此被假定向支离破碎、互相竞争的行为发号施令。这里重要的是，要脱离人文主义，从而逃离基督教，就必须抛弃个人概念本身。

格雷的书是对动物，包括人类的达尔文主义世界观的阐述。正因如此，他相信"道德哲学在很大程度上只是一种虚构"，[28]就不令人惊讶了。道德作为一种生活方式，要高于不道德或烹饪，这个概念源自古典世界和基督教。它是最合意的生活之道，其地位不受质疑。讲道德总比邪恶好。但是在动物王国里，美好的生活却往往是西方基督徒和人文主义者所称的不道德的生活。事实上，人类是杀戮者。他们不是动物王国里最坏的，也不是完全肆意妄为的，但他们总归是杀戮者。道德统治着世界，在历史上即使需要个人做出牺牲，善终究会胜出，这一想法是基督教的迷思。

举出上述例子的目的并不是要为格雷的虚无主义辩护。相反，是为了证明基督教自由伦理在西方社会中无处不在。格雷的许多论点是有效的，因为它们振聋发聩。但这一事实本身就证明了我们的论点：伦理学形式的基督教神学完全沉浸在西方社会中，为西方社会所采纳。自由主义抵制基督教的努力失败了。格雷的努力较为成功更有功效。但我们随后不得不把他的思想说成是"虚无主义的"，似乎基督教自由伦理学的缺席实际上就是伦理学完全的缺席。这之所以可能，乃因为要假想一个明晰可辨的基督教伦理的替代品是如此困难。对大多数人来说，不需要做出这个努力，也不期待这个努力。他们就生活在基督教伦理的边界之内。

在本章中，我们论证了一点：自由派伦理由于它根本性 159
的个人主义，因而拥有基督教身份。通过对虚无主义替代的探索，我们也更进一步看到，基督教伦理在西方社会中无处不在。意思是说，如果西方社会希望成为伦理社会，它仍要汲取基督教的思想和资源。在西方世俗社会里，基督教仍然存在。基督教伦理与科学思维和平共处。这一现象在启蒙运动时期就出现了，很大程度上是由于艾萨克·牛顿那非凡的创新。他的观点由伏尔泰普及，为社会科学家、哲学家、医学工作者和自然科学家所采纳。启蒙主义往往是反对教会干政和反教会的，但是，正如我们所见，基督教思想在人们转向人文主义之后，仍然存在。因此，当我们走近当代，我们有了这样一个观点，现代人有能力把两套信仰捏合在一起。在他们的技术中，他们是讲科学的，而在他们的伦理中，他们是讲基督教的。问题就在于，西方社会既然是由信科学的基督徒构成的，为什么它又被认为是世俗的呢？要答复这个问题，我们必须探索维多利亚时期。

第八章　最后的清教徒时代

160　　在对近二百年来英国宗教生活的重要研究中，卡伦·布朗（Callum Brown）把维多利亚时代称作"英国最后的清教徒时代"。[1]19世纪的英国是个深信基督教的国家，上教堂的人数比例极高，其文化促使人们的道德行为提高到格外高的标准。在本章中，我将探索这一说法的证据。当代有关教会衰落的说法来源于将20世纪上教堂人数与维多利亚时期的比较。这个比较是在一个相对正常的时期，即我们当今时代，与信教程度高且突出的时代之间进行的。既然如此，那么教会衰落的说法就不可避免，而如果假设教会的消亡肯定会随之而来，那么这种说法是不公平的。

　　我还将审视另外两点，这两点构成了我们今天对基督教人生的理解，并且与维多利亚时期有关联。第一点是无神论的失败。世俗社会波诡云谲的历史证明了这一点。作为一股有组织的力量，世俗主义在19世纪发展起来。然而它并没能对英国文化生活造成重大影响。第二点是对上帝的持续信161　仰。我们经常引用的统计学证据表明，人们对上帝的信仰是

172

多么牢固持久。这对于我的研究的重要性就在于两个方面。首先，我们需要意识到，有几位重要的19世纪思想家企图挑战对上帝的信仰。其次，在伦理和上帝信仰之间有密切的关联。上帝之死的预言家之一尼采就主张这一点。他提出，上帝之死导致了伦理价值观的坍塌。在西方，出现了相反的情形。西方社会把对上帝存在的持久信仰与公开思考和谈论伦理相结合。这会引出以下命题：基督教在西方十分重要，因为我们生活在所谓的伦理社会中。最后一章将探讨这个命题。

维多利亚时代的基督教

我调查维多利亚时期基督教信仰和实践的出发点是统计数据。我已经提到过霍拉斯·曼在1851年做的宗教礼拜人口统计。但在此值得重提。英格兰、苏格兰和威尔士人口中的大约60%在调查的周日那一天，都有上教堂的记录。要找到人口中实际上教堂的绝对数目，这个数字必须降低。要考虑到很多人一天去两次教堂。即便如此，最保守的估计也表明，至少1/3的人口在教堂里。[2]按更宽松的估计，这一比例在40%到50%之间。这是一个格外高的数字。如果我们把那些因病或实在走不开而错过了那次主日的人数统计的定期上教堂者加进来，这个数字还可能更高。

上教堂的人多数为女性。[3]这就对上教堂的模式产生影响。如果一个家庭足够小康，能有仆人，那么妇女们是在上

173

午上教堂。家庭佣人和太穷而请不起佣人的人，则晚上上教堂。这是因为周日午饭是如此重要。妇女们如果要自己下厨备餐，就无法参加上午第二次的礼拜仪式。相反，她们跟那些做饭的佣人一起去参加晚祷仪式。布朗也反驳诸如修·迈克里奥德教授之类的学者，他认为，劳工阶层中上教堂的人数要比从前以为的更高。这一现象的例外是非熟练的劳工阶层，尽管原因可能是他们去的是未经登记的礼拜仪式，例如每周中间的礼拜或不定期的宗教聚会。

这些人数所引发的问题是：怎么有那么多人在教堂里？要回答这个问题，我们需要退后一步，看看宗教活动的证据是如何收集的？我们将看到，统计数据所提供的宗教信仰和活动的情形是非常有限的。如果我们对所发生的事情有更全面的了解，我们就会看到人们为吸引更多人上教堂所做的重大努力。但是，首先我们需要答复这一问题：宗教行为是如何监测和评估的？

卡伦·布朗曾论述过，衡量宗教信仰和实践的方法有个问题。[4] 最主要的重点就是清点礼拜时在教堂里的人数。这样做的效果就是肤浅地把人们划分为两个对立面之一。人们要么是上教堂的，要么不上教堂。要么信教，要么不信教。这样的结果及其划分他们的类别，缺乏精确性，而人们信奉宗教的方式却多种多样。这也是一种高度体制化的研究宗教的态度。上教堂成为人们表达基督教信仰的唯一模式了。这很可能是教会本身所倡导的。这也可能是顺应那些希望研究宗教行为的人，因为这是积累铁证的简单方法。但是宗教行

为并不那么容易被归纳为这样经验主义的做法。上教堂人数
能告诉我们的，只是大致有多少人可能会在教堂里——每周
或每月计。这并不等于告诉我们，人们对教堂感到的忠诚度
有多高或基督教信仰在他们的生活中有多重要。即使我们加
上受洗、婚礼或上主日学校的人数，我们仍然得不到一幅完
整的宗教信仰和实践的图景。要达到这个目的，需要一种更
为精细的方法。

　　除此问题之外，还有第二个困境。我们有必要怀疑那些
想计算上教堂人数的人的动机。收集统计数据并非一种不偏
不倚的科学。那些聘人进行研究和采集数据的维多利亚人从
事这项工作是别有用心的。他们企图证明教会的衰落。霍拉
斯·曼在向议会宣读上教堂人数的报告时，并未赞扬上教堂
的人数之多。[5] 相反，他提到"缺席教堂礼拜的人数"多得
惊人。他尤其指出会众中工人阶级的缺席。他提出，工人阶
级就像"异教国家"的人一样，对宗教教义一无所知。在这
一点上，曼赞同托马斯·查尔默的看法。1815年，查尔默从
一个乡村教区搬迁到格拉斯哥去任牧师。查尔默努力收集上
教堂模式的信息。从这些信息中他勾画了一幅不信神的城市
图景。这是一幅充斥着信异教的化外之民的城市的图景。城
中人口，尤其是穷人，都不归属任何教会。而对社会统治阶
层来说，尤为令人担忧的是，穷人没有道德，十分危险。查
尔默因其对城市信教状况的研究而名扬全国。1817年，他
在访问伦敦时被人群团团围住。在讨论上教堂的人口调查材
料时，几乎普遍都会提到他的著作。不信神的城市是19世

163

纪的主导性神话。对上教堂礼拜的研究，其中重要的是霍拉斯·曼的研究，为这幅图景增添了色彩。

但是，人们为什么要对人口中的基督徒的状况营造恐慌情绪呢？要答复这个问题，我们就需要看看，是谁在抱怨信教人数之低？第一个而且是主要的群体是国教教会的牧师。他们觉得受到威胁。他们身处危险之中，即将丧失伴随着地位而来的权力。他们尤其担忧不信奉国教教派的兴起。不信奉国教教会的数量在增长，而且随着这个世纪的进展，它们的成员也被赋予完全的政治权利。英国教会的牧师们把不信奉国教的兴起看作对教区教会系统的威胁。人民可以选择离开国教，去干自己要干的事情。对教区牧师来说，这是不可接受的。他们往往把不信奉国教等同于不信神。他们想把人们吸引回信众中，而煽动对不信神的恐惧，有助于达到这个目的。

其次但很普遍的是，人们对无神论和对宗教冷漠的担忧也在增长。无神论者和世俗主义者的人数从未达到不从国教者的程度和影响，但他们是神职人员亲见其地位和权力被削弱这一局面的一部分。他们必须在局面进一步恶化前就出席礼拜仪式的危险状况开始警告民众。

第二个感受到变化着的宗教行为威胁的势力群体是当地的土地拥有者。18世纪的教会与土地有密切的关联。在简·奥斯丁小说中并不陌生的神职士绅也都有本地士绅念念不忘的那些教养和礼仪。他们往往受雇于本地士绅，而且经常来自士绅家庭。随着工业化的崛起，大量人口迁移到城市

中，加上卫理会和其他不信奉国教教会的增长，令那些习惯
于传统习俗的人惊诧莫名。这种变化打破了地主、教会和本
地社区之间的联系。教堂里论资排座所具体代表的社会等级
受到威胁。地方乡绅对本地社区礼崩乐坏感到十分不悦，上
教堂做礼拜是这种礼仪的一个重要例子，因为这也很可能破
坏掉他们在一周中本该指望的尊敬与服从。他们自己就会抱
怨基督教信仰的衰落，而且他们会鼓励他们的牧师也这样
抱怨。

　　符合这两个群体的利益的是一整套结果，这些结果鼓
励和激发了善良的基督徒加倍努力，敦促本地的异教徒回归　165
教会。统计数据提供了这些结果。得到清点的人数不仅提供
了对基督教信仰和实践的部分评估，而且其目的在于要确认
一种先已存在的局势。这倒并不是说人们蓄意对统计结果造
假，因为这是最不可能办到的。但是，要说的就是，那些
领导这项研究的人，当他们企图检视维多利亚时代的基督教
时，希望并期待看到一幅悲观的图景。对基督教的全面描述
并不是激发这项研究的因素。其初衷并非展示人们实际信奉
基督教信仰的多样方式。该项研究的目的就是要表明教区
教会重要性的降低。然而，牧师和社会精英所表达的对城
市人口的基督教生活的担忧是毫无根据的。事实上，对上
教堂状况的普遍关注本身就是个标志，说明基督教在社会
中有个重要功用。当世俗化真的发生时，那么只有还留在
教会里的少数人会担忧。由于他们地位降低，会发现很难吸
引别人来分忧。

为了回应衡量信仰与实践基督教的问题，卡伦·布朗另辟蹊径，不用他称之为"还原论"的社会科学方法，这种方法主宰着关于世俗化的争论。他寻找更广泛的资源，这些资源能揭示人们的宗教感情。例如，他对通俗文学、小说、杂志和宗教小册子告诉我们的关于个人信仰的事实很感兴趣。人们在日记、自传、讣告和访谈中的证词能让我们知晓当时的宗教气氛。在这些证词中，人们报告了他们宗教实践的非正式方面。也就是说，餐前祷告、守安息日的各种形式以及在主日夜晚唱诵赞美诗。除了这些以外，体制性教会的出版物和声言也有一席之地。它们会把教会神职人员对当时宗教生活的担忧反映给大众，并由此反映给研究人员。从这样广泛而零散的证据中所产生的情况不如统计调查所得出的数据。一些个案会出现复杂或矛盾的格局。但是，我们的预期是，人们的宗教忠诚和信仰普遍是混乱的。被调查的是各色人等的个人的宗教和社会身份。[6]

166

这一切都使我回到那个问题，在维多利亚时期为什么有那么多人上教堂？布朗提出的方法的一个价值，就是能解释为什么有那么多人上教堂？它证明了强势宗教文化的重要性。在一个自由社会中，不能逼迫人们去上教堂。有一种倾向假设，人们上教堂纯粹是由于个人信仰。就是说，一个信上帝的人会上教堂，因为这是他们信仰的一个逻辑结果。假如他们不去上教堂，那么他们的信仰就值得怀疑。但这是对上教堂的方式和原因的一种简化描述。对人们的主要影响是他们生活于其中的社会和文化环境。这可能会由公开的社

会压力组成，或是强烈的宗教文化的结果，人们发现他们
难以忽略或抵制这种文化。人们将看到的就是维多利亚时
期的基督教文化广泛传播，影响重大。正是这种传播甚广、
无处不在的文化把众多的人引进了教堂。它与强大的传播
福音的努力相结合，催生了那个时代所特有的、庞大的上
教堂的人数。

虔诚的生活

在维多利亚时期，人们使出浑身解数，试图使不列颠的
民众皈依基督教。19世纪是一个强烈的、有组织的、有战略
性的传播福音的时代。布朗精当地概括了当时的局势：

> 从1796年到1914年，不列颠沉浸在这个国家历史上 167
> 前所未有的劝人改信基督教的巨大努力中。这种努力使
> 人全心关注个人救赎、道德行为以及虔诚的外在表现。
> 它以现代形式重建了本地教堂——不是监管法庭、教会
> 规训和地主权力的教区小国，而是作为私人俱乐部和信
> 徒议会的会聚地。它催生了"结社理想"，真正的信徒
> 依靠这种理想可以表达他们的皈依，他们献身于志愿组
> 织的传教工作，表现得信心满满。[7]

这里需要注意两点。第一点是布朗的论点：在19世纪
初，福音派采纳了"个人"这一概念，将其转化为救赎的焦

点。这意味着福音派信徒倡导个人对其信仰作出选择。要得到救赎，这样做是必要的。仅仅归属于教区还是不够的。选择得到救赎，随后在个人的行为中彰显出来。布朗在这里所说的时间点是否正确尚存争议。而这对于我们的论点无足轻重。重要的是第二点。自维多利亚时代以降，得力于个人救赎文化的支持，人们做出了大规模的、强劲的努力，要使众人皈依教会。与此并行的是一场同时发生的运动，要保证人民不酗酒、洁身自好、努力工作、忠诚于婚姻，杜绝婚外恋。换言之，维多利亚时期为什么如此众多的人上教堂，原因就在于他们受到一种强烈的基督教宣传运动的影响。人们被敦促去过虔诚的生活。他们生活于其中的文化不断地用这一口号轰炸他们：他们要圣洁，而要圣洁就必须洁身自好、不酗酒，上教堂。

营造圣洁生活的文化通常有三样主要工具。这就是主日学校、散发小册子和本地登门拜访。在维多利亚时期，这三种工具的使用都日益增长。忠诚的会众支持这些做法，他们提供资金和人员，保证这三者顺利运行。会众更像一个志愿者俱乐部，他们热切希望吸引更多会员加入，并使俱乐部蓬勃发展。主日学校是教会生活三大进展的第一进展。它们出现于18世纪末期。主日学校顽强的生命力令人瞩目。直到20世纪中叶，大部分儿童都上过主日学校，而近几代人记忆中的星期日就是下午在上主日课。

对我们的目的来说更有意义的是登门拜访和散发小册子。登门拜访这种做法是在19世纪上半叶开始发展起来的。

其范围和力度都令人叹为观止。雇用了一些机构来做这项工作。伦敦城传道会是其中一家主要机构：

> 据报道，1863年，伦敦城传道会拥有380名领薪水的代理，他们在星期日关闭了203家店铺。在那一年中，他们登门拜访了2012169个家庭，并读经579391次。他们分发了9771本《圣经》，2970527份小册子，召集了46126次室内会议。他们劝导了1483人成为基督教会的领受圣餐者，使619个家庭开始做家庭礼拜，360对同居者结婚，"挽救了"大约619名"堕落者"，可能都是妇女。[8]

这仅仅是一个例子。整个运动规模巨大，计划得也很周密。代理人依照年龄、性别或职业来瞄准对象。他们会去造访"罪孽"之所，如酒馆、赌场或在主日营业的商店。这样做必须有一定的胆量或忠诚。他们有计划地上门拜访。拜访者被分配去街道和住宅，并被要求记录他们所看到的情形。这些情形从清洁、友善、虔诚到肮脏、酗酒和不道德，无所不包。后一类家庭几乎不会乐意接待来访者。如果拜访成功，就会在客厅举办礼拜仪式，分发小册子和《圣经》，这些家庭也受到鼓励去本地教堂。

这个庞大的访问计划的主要成果是以前所未有的方式宣传基督教。由于忠实信徒的努力，教堂会众人数增多。除了这一主要影响外，还有一个重要的副作用也值得注意。工人阶级和穷人纷纷打开家门，迎接福音传教士。这在当代人看来，十分出人意外。其意义就在于社会不同成员之间的互动。有时是虔诚者和"堕落者"之间的互动，有时中产阶级或小康的工人阶级会向赤贫阶级展示他们的生活。这对他们中更为敏感的人来说，不能不产生影响。

登门拜访的一个基本做法是分发宗教小册子。19世纪，小册子的出版和发行成了一门巨大的产业。举例为证，苏格兰的德拉蒙德小册子公司创建于1848年。[9] 在十年之内该公司印刷了200多种出版物，售出800万本。到了第一次世界大战初，有300多种各类小册子，也有小说、短篇小说、宗教诗歌与儿童读物。

免费分发小册子以帮助人们皈依宗教。人们相信，小册子可以分发到连最敬业的拜访者都难以涉足的一些地区。V. M. 斯金纳小姐把经文发到酒馆里。小册子很短，通常只有一张纸，被折成1页、2页或4页。那些散发小册子的人需要资金从出版商那里购买。小册子一般包含一篇短的布道文，对某些社会的或个人之恶的抨击，以及劝人改过自新的一段劝世文。主日交易、赌博、酗酒和"不道德的生活"都是批评的靶子，这一点不奇怪。此外，受谴责的主题有舞场、剧院和舞厅。这些场所可能不如酒店那样下作，却也不是认真改良道德的地方。

也有关于如何发小册子的建议。冲上前去，把一份传单塞给某人，然后匆匆离开，这种做法欠妥。远胜于此的办法就是不经意地靠近某人，自己读传单，然后热情推荐并送给他。大致可以这样说，你已经读过几遍这份传单了，相信对于这位陌生人来说，同样读一读会获益匪浅。如果这样做太费时间了，那么灿然微笑，说一句无论多么简短的暖心话，都是常见的做法。

除了简短的传单之外，也发展出了一个非常兴盛的杂志市场。小说通常是在杂志上连载。随着世纪的进展，短篇小说更流行了，虽然从一开始它们就占有一席之地。有的故事讲述因不道德生活从而下场凄惨的人的故事。查尔斯-库克探访了监狱，并将他在那里听到的故事作为他讲述不幸的人因犯罪而受苦的故事的基础。同样，基于勤劳和抵制诱惑的发家故事，也能给人一条宝贵的道德教训。人们也企图把浪漫故事和宗教修行或历险与道德融合起来。

宗教教育、劝善文学与登门拜访合力的结果是一个国家的基督教化。这倒不是劝人上教堂的问题。即使根据最宽泛的估计，也有一半人口在宗教礼拜人数调查的周日没有算在教堂里。相反，这是创造基督教文化的问题。福音派基督教主宰了关于什么是善和神圣行为的讨论。对什么构成了有道德的、负责任的人的社会和文化预期，都是由基督教，尤其是福音派基督教，所界定的。维多利亚时期的政治景况如此，当地社区或家庭的景况也是如此。这并不意味着每个人都上教堂或大家都过着美好生活。但是每个人都赞同是什么 171 构成了道德生活的概念。若有人不上教堂或不守安息日，或好酒贪杯，那么他们就像大家一样都知道，他们在上帝和其他公民的眼中是有罪的。

　　福音派基督教文化的一个迷人的产物，以及其社会力量的一个标志，是基督教淑女这一概念的发展。一名淑女是道德整饬的支柱。她虔诚信教，致力于上教堂、祈祷和研读经文。她一心持家，把家里收拾得井井有条，一尘不染。她节俭勤劳，关爱子女，照料丈夫。绝不会有人怀疑她对待异性的举止是否得体。有德性的女性肯定会得到其他女性的尊重，她的虔诚，来生必得回报。

　　但是有德性的女性也时常受到威胁。威胁就来自不良之徒。他可能是个酒鬼、嗜赌的丈夫或不服管教的儿子。贫穷与匮乏可能是滥赌或酗酒所造成的。一位年轻女性在婚前可能会被不道德的求爱者欺骗。淑女的角色和职责则在不良之徒所造成的逆境中坚持战斗。她还有一个职责是要竭力拯救他，令他回归圣洁，重返正道。若诸事顺利，这个男人会得到改造，回归虔诚、节俭、勤劳和上教堂的生活。

　　面对需要拯救的男人，这些淑女的这些形象是强有力的。它们在文化中无处不在，而且据布朗所说，在20世纪60年代之前，是妇女生活中的控制力量。这些形象为什么如此影响巨大？布朗将其势力归因于这些形象借杂志和小册子广泛宣传的程度。英勇女性的事迹都是那些正派、勇气过人的妇女。讣告转述了临终的女性赞美上帝的言辞，颂扬了她们的生平。福音教派提出来一种叙事结构，一种公式，它控制着描述淑女的方式。福音派基督教所提倡的道德渗透进了人们讨论人生本身的方式。令人惊叹的是，在维多利亚社会和文化的所有领域里，这种道德观念在多大程度上被视为准则。

正是在这种氛围中，上教堂的人数高得离谱。有鉴于社会压力，这几乎不令人感到意外。事实上，更出人意料的是有如此多的人能够抵制社会和文化的压力。这是一种独一无二的运作，它把那个时代界定为信仰基督教和上教堂的时代。

世俗化协会

值得注意的是，激烈的基督教化运动的另一个后果是大规模的世俗主义的涌现。"世俗的"这个词的当代用法源自19世纪中叶。在英国，世俗化协会是在1866年由查尔斯·布拉德拉夫所创建的。[10] 在《国家改造者》杂志9月9日那一期上，他发表了世俗化协会的纲领以及入会条件。两周以后，该协会成立了，由布拉德拉夫任会长。然而这不是第一次使用这个词，布拉德拉夫也不是这场运动的唯一发起者。

爱德华·罗伊尔在对英国世俗主义的详尽研究中，认为这场运动的重要缔造者就是乔治·雅各布·霍利欧克（George Jacob Holyoake）。[11] 布拉德拉夫是维多利亚朝世俗主义者中更著名者，因为他是全国世俗化协会的首任会长，也因为他企图当选国会议员而未能如愿，弄得人尽皆知。布拉德拉夫在1880年当选为南安普敦郡的国会议员，但若要接受该席位，就必须做出忠诚的宗教誓言，而他拒绝起誓。他的选区因此被宣布虚位，安排了一次补缺选举。布拉德拉夫赢得了四次议员选举。他在1886年宣誓进入议会之后两年，这条法令才被改变。

173　　乔治·雅各布·霍利欧克，做了许多工作才建立起世俗化协会，随后由布拉德拉夫接任。霍利欧克在许多方面，在智力和政治方面都逊于布拉德拉夫。但是霍利欧克发展了地区性群体网络，这些群体构成了世纪中的世俗主义。从欧文主义和宪章派运动的失败中涌现了这些群体。它们在政治上是激进的，而早期世俗主义也持有社会主义的观点。布拉德拉夫与霍利欧克在与基督教群体的关系上意见分歧。霍利欧克更乐意与诸如基督教社会主义者这样的组织合作。布拉德拉夫是更好战的无神论者。两人最终在1862年分道扬镳。布拉德拉夫是更强势的、更有组织能力的领袖，他势将得到更大的支持。有些地区性团体仍然忠于霍利欧克。

世俗主义者从来没能发展壮大为一场群众运动，吸引广泛的支持。这并不是否认在19世纪世俗主义曾有过不同时期的流行。名声卓著、引人入胜的公众演说家所主持的讲座和公开会议能够吸引大量的人群。这个团体的主要成员撰写的各类出版物也有市场。霍利欧克的一项才能就是写作和编辑。但是世俗主义发展为工人阶级群众运动，这种希望却从未实现。罗伊尔估计，在最广泛的意义上，最多只有十万名同情者。然而这些同情者中有许多人可能是对世俗主义不感兴趣的宪章主义者。与世俗主义本身有关的人数，也许只有区区两万人，而在困难的年头，人数也许只有这个数字的一半。真正属于而且从事这场运动的铁杆世俗主义者，实际人数也许只有约3000人。在其巅峰的1880年，全国世俗化协会只有6000名会员。[12] 世俗主义的当代情形仍然如此。全国世俗化协会是一个少数人的组织，无法吸引公众太多注意力，或吸纳足够人数的会员。

罗伊尔得出结论说，世俗主义是一种自相矛盾的遗 174 产。[13] 它从未发展成一种大规模的群众运动。事实上，它几乎不能被称为一场运动。它早期与宪章运动的密切联系也许会解释为什么有如此众多的人参加它的一些会议。由于那些实际上致力于世俗主义事业的人从未超过几千，因此应该把它视为一个小的派别，而不是一场运动。世俗化协会在会员数或势力上从未对教会构成挑战。在筹款或人数上，世俗化协会从来不能与教会传播福音的努力相提并论。

然而，世俗化的场景绝不完全是失败的场景。尽管该组织规模很小，但是世俗主义的话题和世俗主义者关注的问题往往是在公众注意的最前端。它所提出的问题在全社会继续挑起讨论和争辩。亵渎上帝法令的问题就是这种情况。学校是人们反复辩论的另一个场所。如果考虑到上帝存在与否这个核心话题，那么显而易见，讨论是很广泛的。罗伊尔得出结论，认为世俗主义者虽然没能够组织成为一场有效的运动，但他们把世俗主义作为公共辩论话题来加以提倡，这个愿望倒是成功了。

探讨为什么存在这样一个悖论，超越了本书的研究范围。只是有必要声明，大多数人始终确定他们信上帝。只要现状如此，只要世俗化组织是无神论的，我们就不会预期这场运动会有发展。可以认为这是一个非常简单的解释。但背后理由却可能要比这一点更复杂。可能如某些人所论证的那样，对于大多数人来说，世俗主义太枯燥、太偏于理智了。它缺乏仪式性和情感性的吸引力，只有这两者才会吸引人，留住人。但即便存在类似这样的情形，或者提出另一种解释，世俗主义作为一个好战的组织并未取得成功。这是重新评估为什么人们继续称西方社会为世俗化社会的一个很好的理由。世俗主义运动的失败证明了，"世俗的"这个称谓被运用于西方社会，其本意不是描述人们的唯物主义信仰。事实上，有组织的世俗主义历史揭示了，而且也为当代世俗团体所确认，若想把对世俗主义的一个有意义的描述运用于西方社会，就必须重新界定这一术语。

上帝之死

在通俗层面上，维多利亚时期社会充斥着关于道德和虔诚生活的宣传。登门拜访和散发小册子，二者合力取得的结果就是达到了让大量信众上教堂的目的。然而，在理性层面上，基督教却面临着几个严峻的挑战。有意味的是，这些挑战所发生的时期正值信仰基督教的人数如此之多。我们将简要审视这些挑战中的几个，然后集中论述弗里德里希·尼采所宣称的上帝之死这个具体问题。尼采的著述与我们有关，是因为他在上帝信仰和伦理之间所建立的关联。

19世纪涌现的对基督教的理性挑战，其意义在于，教会在很大程度上接受并采纳了它的许多论点。在多个场合，本该是无神论的致命一击，却只不过造成了一个更新的和改良的基督教。这表明基督徒认真对待这些挑战。但这也表明了魏瑟尔斯所描述的持续适应本地文化的过程有很强的弹性。

　　我在下文将审视卡尔·马克思和查尔斯·达尔文的思想。对教会最危险的威胁并不是来自这两位思想家，而是来自令人想不到的圣经研究。尤其是德国学者的研究，其中图宾根学派是最重要的。圣经学者迫使教会重新审视其基础性的经文。学者们发现，不能把这些文本当作是对所描述的事件的准确历史记录来对待。学术研究所揭示的是，当基督徒们读《圣经》时，他们不应将其视为确切的真理。例如，通过对各种不同的写作文类的分析，摩西的《旧约》前五书作者的身份受到质疑。前五书来自不同的历史时期以及不同的文化和宗教背景。福音书的叙述差异，是由于作者及其所属群体的动机和背景各异。关于耶稣神迹的历史真实性，人们提出了一些问题。这一切都是对教会的严重威胁。如果《圣经》并非精确的历史，那么它可以被认为是真实的吗？如果它并非真实，那么基督教就要受质疑了。值得注意的是，不少基督徒都乐意接受历史批评的成果，相应调整他们对《圣经》意义的阐释。许多主流教会，尤其是自由派基督教，都愿意采纳这些学术见解，并转变其对《圣经》的理解。当然，有些基督徒坚持认为《圣经》应被视为确切的真理。在这样的情形中，历史批评与基督教之间的相互适应没有发生。但这并不意味着一种不同的适应没有起作用。这里的要点是，

176

基督教有能力通过对其基础文件的历史剖析来应对对其信仰的重大威胁，并得以幸存。在某些案例中，挑战越大，基督教反而越兴盛。随着对《圣经》历史和文本的更多分析，这个挑战还在持续中。

维多利亚时期也以科学与宗教的冲突而闻名。我在第二章讨论弗洛伊德时讨论过这一点，描述了基督徒像西方社会的其他人一样，采纳了一种科学的思维。然而，还需要强调与进化相关的一个要点，由于在美国出现的争论，它是一个特殊案例。查尔斯·达尔文的进化论引发了对《创世记》中所记载的基督教创世叙述的质疑。19世纪，达尔文遭到很多讥讽，受到猛烈攻击。教会也做出了知识上的回应。1860年英国科学促进会会议的辩论中，威尔伯福斯主教（Bishop Wilberforce）对进化论提出了著名的挑战。托马斯·赫胥黎（Thomas Huxley）则为进化论辩护。

关于进化论也有其当代形式的争论。理查德·道金斯（Richard Dawkins）利用基因科学作为他抨击基督教信仰的基础。但是我们很乐意赞同史蒂夫·布鲁斯之见，即对于多数人来说，不管是达尔文最初的巨著，还是道金斯的更新版本，其中的理论细节都未经详察。大多数基督徒都乐意接受进化论，这是一揽子科学的一部分，其优势是技术性的。

这方面的例外是那些福音派团体，他们认为进化论与《创世记》中的创世记载相比，没有更多的科学根基。这些团体主要在美国，他们在欧洲的影响力微不足道。他们提倡在学校中要么与进化论并行教导创世论，要么取代进化论。可以认为，这些团体显示，基督徒确实认真对待了进化论的细节。对少数人来说情况如此。然而即使对于支持创世论的大多数人来说，这是社会保守和反自由化的一揽子计划的一部分，其重要性不在于辩论的详情，而在于立场的象征价值。面对他们所认为的自由主义在美国日益上升的主导地位，一些人想推进一个保守主义的议程。对于这些人来说，创世论是其他诸种信仰之一种，如反堕胎立法、同性婚姻权利等，能表明他们的立场。换言之，进化论的细节卷入了一场政治运动。这倒并不是要诋毁各种信仰的重要性。相反，这是要表明，创世论并不意味着这些福音派基督徒团体抵制科学思维。

　　马克思主义和基督教之间的关系是第二个实例，说明教会如何采纳并改造政治意识形态。马克思主义是一种无神论的政治意识形态。卡尔·马克思的无神论深受路德维希·费尔巴哈的影响。费尔巴哈把信仰上帝理解为一种人类的建构。信仰上帝是把人类的一种理想投射到神的概念上。费尔巴哈想转变这个过程，以便把神学研究变成对人的研究。马克思重视费尔巴哈把宗教转换成对人的状况的分析的愿望。马克思对宗教信仰持批判态度，然而他并没有低估宗教的社会势力。他认为宗教是人类表达与应对其异化状态的方式。人的异化概念是马克思对资本主义批判的核心，是他的政治哲学的基础。异化是人们在资本主义制度下受剥削而产生的一种状况。人类要获得真正的满足与幸福，就必须抛弃那些营造出虚幻满足感的信仰和制度。他们也必须抛弃资本主

178

191

义，因为资本主义是异化的起因。

马克思思想的重要性并不在于他关于宗教和资本主义的论述正确与否。值得注意的是，有些基督徒竟然能够采纳一个本质上属无神论的体系，并为他们自己的目的服务。更有甚者，一些基督徒论证道，马克思主义对资本主义社会的压迫性影响的分析，是教会需要接受的一个教训。教会通过支持保守性的社会秩序，犯下了与资本主义同流合污的罪行。他们提出，教会需要为过去这项罪孽忏悔。马克思主义神学的例子包括20世纪60年代德国政治神学的兴起，以及70年代解放神学的出现。解放神学在几个基督教运动——如黑人神学、女权主义神学和男同性恋、女同性恋及变性者神学——的形成中影响巨大。当然，并非所有的基督徒都对这些发展感到高兴，也不赞同他们的要旨。基督徒也没有变成无神论者。但是他们采纳了马克思主义中的社会、经济和政治批判，并借鉴其分析改造了他们的信仰。在这样做的时候，他们展示了一种古老的文化适应过程，在早期教会和从犹太语境转向希腊化世界的过程中，这种文化适应就开始了。基督教参照新思想和文化进行自我改造的能力是非凡的。

这种文化适应的过程好像几乎没有止境。根据所有标准定义，基督徒们本该被要求拒绝所有那些证明与基督教信仰完全不符的哲学。弗里德里希·尼采的哲学预料应该归于这一范畴。尼采宣布"上帝死了"。基督教是一种有神论信仰，它的核心有一个超验的人格化上帝的概念。然而，即便是上帝死了的概念在20世纪60年代里也被一些神学家所采纳和利用。这并不是不折不扣地采纳尼采之说，尤其是他关于基督教伦理的思想未被利用，这场运动为期也不久。只有少数几个神学家如今仍坚持这一论调。但是文化适应的过程的确发生了。这并非一场影响巨大、实力雄厚的运动，它反而证明了在多数人中上帝信仰的坚韧性。上帝之死的神学对知识分子和某些为传统形式的教会感到幻灭的人颇有吸引力。

　　然而，这并不是尼采对我们很重要的唯一理由。他也展示了上帝信仰与伦理间的联系。在下一章中，我们将看到这种联系在西方社会中是怎样一种持续的特征。尼采提出，上帝之死导致社会价值观和伦理的毁灭。他通过著名的和重要的狂人预言来说明这一点。尽管篇幅略长，这则寓言值得回味。它出现在1882年出版的《快乐的科学》中：

疯子

　　你难道没有听说过，一个疯子在大白天点着提灯跑去市场，不停地大叫"我找上帝！我找上帝！"由于当时有许多不信上帝的人环立四周，他引起了哄堂大笑。一个人问道，他走丢了吗？另一个人问道，他是否像个孩子一样迷路了？要么他是在躲藏？他怕我们吗？他去航行了吗？或者是移民了？他们大声喊叫，轰然大笑。

　　疯子跳进人群之中，两眼直瞪众人。"上帝去哪儿了？"他大喊，"实话对你们说，我们杀了他——你们和我！我们都是杀人犯！但我们是怎么杀的？我们怎能

180

把海水吸干？是谁给了我们海绵，把地平线抹掉？当我们解开把地球绑在太阳上的锁链时，我们正在干什么？地球正在朝哪里移动？我们又在向哪里移动？离开所有的太阳吗？我们是在朝前后左右所有方向猛冲吗？有上下吗？我们难道不是好像在无限的虚空中游荡吗？我们没有感觉到虚无空间的气息吗？天气不是变得更冷了吗？黑夜不是在四周包围着我们吗？……世界曾拥有过的最神圣、最有力的东西，难道不是在我们的刀下流血而死了吗？谁会擦干我们身上的血迹呢？"

说到这里，疯子安静下来，再次环顾他的听众；众人鸦雀无声，惊愕地瞪着他。最后，他把提灯抛掷在地上，灯破火灭。"我来得太早了，"他接着说道："我的时代还没到来，这个重大事件还在路上，……尚未传到人们的耳朵里。闪电雷鸣需要时间，星光需要时间，完成了的行动仍然需要时间才能被人耳闻目睹。这件大事离他们之远，胜过最遥远的星辰——然而这事却是他们亲手干的。"人们还说，同在那一天，疯子还挤进几家教堂，演奏了《上帝永恒安魂曲》。他被领出教堂并被责问这么干的缘由，据说他总是回答："这些教堂如果不是上帝的陵墓还会是什么呢？"[14]

181　　这则寓言是诸多思想交织的华丽壁挂。考夫曼论证道，仅因为这则寓言就以为尼采是个无神论者，那就完全未把握其要旨。显而易见，尼采是反对基督教的，反对基督教的上帝观念的。但是对基督教上帝的攻击并不是这则寓言的目的。在一个为人类巨大成就而欢欣鼓舞的时代，尼采却宣告了一种悲观的虚无主义哲学。尼采就是预言中的疯子，他来得太早。人类并不为上帝之死而担心，这只是一则笑话。人类觉得自己有能力重新安排宇宙。因此那一连串的问题遇到的是惊愕的寂静。剩下的只有向基督徒发出吁求，他们肯定会为上帝之死而担忧。

疯子还没意识到自己来得太早，他向商人和店主人连珠炮似地提出一系列问题。这是寓言的核心。现在他们不再有上帝来支撑着一个伦理道德的框架，他们该怎么办呢？上帝消失之后，还有什么价值可以幸存下去？尼采想知道，如果人类唯一的目的就是其本身，那么人类怎么能够讲伦理呢？上帝之死意味着人类的价值被毁灭了。用考夫曼的话来说："上帝之死用一种意义的彻底沦丧威胁着人类生活。"[15]

我一直坚持认为，我们还没来到尼采那个噩梦的关键时刻；也不是不可避免地终将走到那里。与此同时，我们能看到的是，正如上帝信仰还在，伦理也还在。上帝持续的生命使得人们继续关注价值和道德。依照尼采的分析，只要上帝还活着，我们辩论和探讨是什么构成有道人生的能力也会继续存在。换言之，西方是一个伦理社会，我们在下一章将继续探讨这个概念。

本章的主要目的是要表明，维多利亚时期是一个教堂出席率和支持率格外高的时代。19世纪是基督教波浪形历史中的一个主要高峰。个中缘由是教会为传播福音所做出的巨 182

大努力。我着重论述了传播福音的两种突出工具：登门拜访和分发小册子。这两者都是一种更宽泛的文化之一部分，这种文化使为数众多的人进入教堂。在福音派基督教文化兴盛的同时，我们还看到了有组织的世俗主义没能在西方文化中获得重要的立足点。世俗化协会是社会生活中的一个次要部分，它们今天仍然如此。思想观念对社会发挥了更实际的影响。但这些思想所揭示的却是，基督教具有超凡能力，可以把几乎任何一套思想或信仰都拿来加以改造。最后，我们审视了尼采关于上帝之死的过早宣告。我论证了这一点——尼采在一个方面是正确的，即上帝信仰与对伦理的关注是紧密相联的。一个信上帝的社会在其核心具有伦理问题。这是最后一章所探讨的西方世俗化社会的状况。

第九章　伦理社会

本书的目的是要描述西方社会里的宗教特性。通过对基 183
督教历史上某些节点的审视，我重新解释所谓西方世俗社会
意味着什么。本章的目标是综合前面章节中的分析和探讨，
以便对西方世俗社会有一个连贯的描述。第一个阶段是总结
我到目前为止得出的结论。这就有必要重述第一章所概述的
四个关键思想。我随后将详细地审视两个问题。第一，把自
由主义作为基督教践行伦理的方式来谈论，其意义何在？我
们难道仅仅是说自由主义源于基督教，或者，我们说自由主
义伦理学在某些方面说明了一种持续的基督教现实？我所关
注的问题是，我们需要把自由主义想成当代基督教对伦理生
活的表述。接下来，我将继续探讨对自由主义与基督教应该
紧密结合的一个重要批判。有一些重要的影响巨大的神学家
认为，教会是对西方自由社会的一种矫正。自由主义等同于
一种自私的、异化的个人主义，它不能给人们提供一种坚实
的概念，即是什么构成共同的利益？对比之下，教会是一种 184
社团，它培养人们过道德生活所需要的技能和美德。如果这

种批评是准确的，那么我所探讨的基督教和自由主义的整合就是不可能的。因此需要审慎地检查这些论点。在本章的最后一部分，我将把所有的探讨综合起来，提出对西方世俗化社会的宗教特性的一个总结。我对西方的描述冠之以伦理社会的标题。

我在本书的开篇提出了四个论点。这里值得扼要重述这些论点以提醒我们自己迄今所达到的地步。第一个论点是，基督教有吸纳和改造本土宗教文化的历史。当这些文化深深地植根于当地居民之中，它们不愿被教会肃清时，情况尤其如此。安东·魏瑟尔斯称这种吸纳和改造为持续的文化适应。文化适应的结果是基督教有一种流动性的身份。基督教处于一种定期变化和更新的状态中。这一过程的一个重要例子就是复活节庆典。在北欧一些国家，复活节与奥斯塔拉女神（goddess Ostara）节有明显的相似之处。女神节的庆典是在春季，重点在于复活、繁殖力和新生命。我们可以假设，基督教传播到这些国家时，没能消除掉本地人对女神的强烈依恋感。因此，基督教吸纳了与女神崇拜相关的信仰，并把它们转换成基督教信仰。这一过程会产生改变基督教信仰的对等效应。因为文化适应过程是基督教的一个永恒特征，所以基督教的身份始终处于变化状态中。对于教会来说，一个随之而来的问题是，这个文化适应过程今天在哪里发生？怎样发生？我的答案是，要看看西方的自由主义意识形态领域。

我随后论证道，对中世纪进行的一项调查揭示了中世纪与我们当今时代之间的基督教信仰与实践的一些相似之处。这项研究的焦点是大众信仰。我发现普通人有能力构建一套信仰，能在他们的人生中行之有效。基督教尤其具有一种技术功能，它给人药到病除的希望，并保护人不受危险的自然现象伤害。因此在雷阵雨中点燃祝福的蜡烛，放在窗台上；水手们身陷暴雨会掰弯硬币；病人会长途跋涉去祭拜圣坛求医。除此之外，中世纪宗教的另一个特征是许多人请人替代自己朝圣。他们希望别人积极践行宗教，雇基督徒代替自己。他们希望看到一个纯洁神圣的教会，但他们不期待或不希望亲力亲为。圣人是最重要的一个基督徒群体，普通民众可以乞求他们庇佑。圣人的功德是获得神佑与赞许的关键，因此需要博取他们的垂青。赦罪体制是建立在圣人的无量功德之上的。但这不是代替性宗教的唯一方法。有些人也可以付钱让别人代替他们去朝圣。这一条要求经常写在遗嘱中，因为在最后审判之那一刻之前，完成所有的神圣义务是很重要的。我也提到中世纪的人坚守基督教伦理。"七善行"表明了伦理的重要性。人们普遍倾心关怀社会中最穷的人。之所以如此，是因为人们把它看作得救的一个必要条件。或许也是出自为穷人的痛苦感到真心的同情。

我的第三个论点审视了启蒙时期的事件。启蒙时期所出现的是一种科学思维。这种思维成了西方社会的新技术，取代了基督教。它今天仍然存在。牛顿被认为对这一理解世界的新方法做出了重要贡献。这是一种经验主义的方法，以数

185

199

186　学、观察和实验为基础。推翻了先前主宰科学界的笛卡尔体系。伏尔泰推广牛顿的理论，使他名声大振，功不可没。科学思维的发展并未导致上帝信仰的终结。虽有伏尔泰和其他人对教会的攻击，但上帝信仰并未消失。这就意味着大多数人都有一种双重思维。科学思维与持续的上帝信仰并行不悖。牛顿自己就开此风气之先。在启蒙运动之后，虽有强烈的反教会干政情绪，尤其是在像法国这样的国家，但存在着一种双重思维，它既是科学的，又信奉某种形式的有神论。

　　我接着审视了政治理论家的一些结论，他们探究了自由主义理论的历史起源。我声称自由主义源自基督教，而且是它的一种表现。处于自由主义核心的个人主义是从这个基督教思想而来的：我们都是上帝的子民。仍然存在着一个问题：对自由主义的这种基督教分析，仅仅是一种历史遗产，还是一种持续存在的当代现实。我在本章后面将讨论这个问题。现在得出的结论就是，只是因为它的基督教特性，自由主义传统才能自圆其说。

　　第四个也是最后一个论点是，维多利亚时代是一个基督教信仰和实践层次格外高的时代。这是由于19世纪志愿者协会为传播福音所做的巨大努力。他们运用了一套有系统的登门拜访的计划，该计划牵涉到划分街区、敲门、记录所发现的结果，无论是基督徒的欢迎还是异教徒的拒绝。登门拜访计划与出版基督教文献的巨大努力相结合，分发了大量的小册子。这些小册子包含有劝世文和经文节选。也出版了很多杂志，登载了讲述缺德者下场凄惨、好人得好报的故事。讣告赞扬善女人，也起着同样的作用。登门拜访和出版、分发大量文献的结果，就是全国的基督教化。它导致众多人上教堂。它也造成了基督教文化一家独大。这种文化尤其聚焦在妇女的宗教和文化特性上。贤惠女子的形象是干净、节俭、戒酒和虔诚生活。这一形象在20世纪60年代垮掉，上教堂人数随之急剧下跌。 187

在如此全面的基督教化的努力之后，基督教历史的任何时期注定会显得处于衰落中。然而，今天我们实际所见证的也许只是回归更为正常的教会忠诚和支持度。如果我们考虑到地方因素，那么今天的基督教信仰和实践与中世纪水平相当。这些地方因素可能包括中世纪一些教会所发挥的重要的社会和社区作用。这会导致更高的教堂出席率。也可能意味着有一个不驻本地的牧师或一个没有本地教堂的社区，结果就是，跟一个同时代的有一个积极牧师的教堂相比，这个教堂的出席率就更低。美国的"文化战争"是另一个例子，说明了本地因素影响基督教文化的声望，而且至少影响了所报道的上教堂人数。但考虑到这些地方性的例外情况，我们的宗教生活跟中世纪相当，与维多利亚时代大不相同。

这使得我把基督教历史描绘成一系列高峰和低谷。它颇似一种波浪形的历史，而不是一种直线型的上升或衰落。大卫·马丁教授在论世俗化的近著中，行文也大致相同。[1]他主张世俗化并不是一个一劳永逸的"单向过程"。反之，应该认为世俗化是"一系列的基督教化跟随着或伴随着倒退"。

基督教历史上有四个关键时刻。马丁论述如下：

> 首先，我认为天主教的基督教化有两个版本：君
> 主的皈依（因而有民众的皈依），修士使城市大众皈依。
> 然后我把新教的基督教化分为两个版本：一个版本寻求
> 把隐修制度延伸至所有的基督徒民众，同时又有效地把
> 他们圈在国内，另一个版本则通过创建福音派和虔信派
> 的亚文化来实现。这后一个版本最近已经崩溃了，因
> 此，我们紧步它的后尘。[2]

洗礼说明了这一点。在基督教历史的各个关键点，受洗
是引导人加入各个教派，成为其一员。因此，受洗可能会是
所有人的权利，人人都可成为基督教的一员，受洗成为一个
国家的一员，或受洗成为一种教派亚文化的成员。马丁的高
峰与低谷的历史强调了来自我们自己分析中的交替历史时间
点。这是因为我们强调大众信仰，着重分析西方的局势，并
且以英国的宗教信仰和实践为例证。但是从高峰与低谷角度
来分析基督教的历史运动的原则是相同的。

我注意到，弗里德里希·尼采曾经在上帝信仰和伦理价
值之间建立了明显的联系。尼采用疯子宣告上帝之死的寓言
来说明他的观点。我们如果消除对上帝的信仰，就失去了做
出伦理判断的能力。上帝信仰支撑着作为社会基石的原则和
价值观。

到目前为止，尼采的要点与我的分析是一致的。综合其

他章节所得出的结论，它引导我们把西方社会描绘成伦理社会。在本章中，我接着将更细致地描述我所说的伦理社会的含义。总之，直截了当地说，我的论点是，西方社会之所以是伦理社会，是因为它在根本上关注着伦理问题。此刻，这种关注的具体表现是，人们担心，自由主义理论以及它在西方政体中的表现，导向了相对主义。也就是说，自由主义丧失了，或从未有过，构成良好行为的意义上的坚实基础，它现在允许个人去做自认为最好的事。有些基督徒谴责自由社会，说它缺乏道德方向，想把它召回到共同利益的概念上来。他们希望界定是什么构成良好生活的观念，并且通过教会的榜样来塑造当代社会。这是试图纠正重要的自由主义者所采取的反基督教方向。但是如果说自由主义本身是基督教的一种表现，这就成了与自由主义关于文化适应过程的一场内部辩论。这是一场神学争论，尽管其中没有涉及教义的争论。

中心问题是关于基督教和自由主义之间的文化适应过程。基督教如何在不同的社会和文化间迁移，对这个问题的历史分析引至下面的论点：这两种立场都是不同类型的文化适应的表现。某个群体深深地浸染了自由主义。另一个群体则排斥自由主义意识形态，尽管其公开声明是相反的。后一个群体以反自由理论和政体来进行文化融合，最通常是用前现代的基督教形式中所找到的思想。换言之，伦理社会的选择是，该把什么价值放置在自由价值和准则之上？我将论证，西方世俗社会的一个显著特征是大众对自由伦理的支

189

持。这与信仰上帝有关，是基督教身份的一种表现。

为了审视伦理社会的特性，我将探索两个问题。首先，我将探究业已强调过的一个问题：西方社会的自由主义是否是历史上基督教遗产的产物，或者是基督教的当代表达。如果我主张基督教具有一种现代的和融合的特性，即自由主义伦理，这样做是必要的。其次，我将讨论那些不赞同我的分析的人的论点。我尤其要审视认为基督教和自由社会有重要区别的那些人的观点。

190　　**自由主义与基督教伦理**

我主张自由主义理论是基督教的，这么说是什么意思呢？这只是简单地说，早期的自由理论家都是基督徒，因此，自由主义是从基督教的语境中产生出来的？抑或它企图言说的不止于此？我们该认为自由主义是基督教的一种形式或表达吗？我将论证，自由主义是伦理指引，西方多数人凭借自由主义赋予他们对上帝的信仰以实质。人们信仰上帝，一心向善。自由主义是他们达到第二个目标的途径。

首先，应该注意到存在着一种风险：关于自由主义和基督教之间关系的讨论，有可能会陷入越来越琐细的定义。这样一条途径对本书的目的无益，这个目的是要理解西方的宗教与文化特性。从消除任何可能的困惑着手，然后看看有什么可以添加到这个分析中去，这个方法更胜一筹。要说明的第一点是，我并不是主张所有提倡自由主义理论的人都可以被标识为基督教徒。你不必是一名教会成员，宣称信仰上帝，或者当个不公开的基督徒，才能成为一个自由主义者。一个人可能既是自由主义者，又是无神论者。如果一个自由主义理论家是无神论者，这也无损于我的论点。

其次，并非所有的基督徒都是自由主义者。身为基督徒却坚持专制的政府形式，坚持消除个人的人权，这也是有可能的。英格兰教会，得到英国就业法中好几项重要的豁免，这也就是承认，它相对于一个自由政体的地位是例外的。历史上反自由派和基督教结合的例子多如牛毛。除此之外，所有的基督徒是否是自由主义者，或者所有的自由主义者是否是基督徒，我不打算探讨这个问题。它与我的论点没有直接关联。

这些限定之所以有必要，其理由是，给某些个人安上一种他们希望拒绝的身份，很容易会冒犯他们。然而，我的目标并不是对主要在学院中的少数个人的思想得出结论。他们 191 的工作是重要的，并且帮助我展开了我的分析；但本书的目的并不是要突出那些自称为基督徒或自由主义者的人所犯的一些错误。我试图做的是描述形塑了大多数人看法的文化。这是70%左右的信上帝者的宗教认同，但他们又不正式归属某一教会，我就是企图理解和描述这种宗教身份。我的论点就是，塑造了这些人的观点的文化可以被称作基督教的文化。这样做的结果就是改变构成基督教信仰与实践的东西是什么的定义。

试图降低门槛来重新界定基督教信仰的边界，这有违最近的教会实践。有一种把基督教身份的标准定得越来越高的趋势。大卫·马丁评论道，在基督教世界终结之后，基督徒们提高了"当个基督徒意味着什么"的标准，因此限制了人们皈依基督教。人们被划归世俗一类，因为他们达不到精英阶层"大师级别的表现"。无动于衷的中间阶层处于铁心忠于基督教和好战的无神论之间，被排除在教会之外。这些人被认为是世俗的。福音派强调真实的体验和重新做人，从而排斥了中间派。天主教强调个人虔诚和坚持领圣餐的重要性，也排斥了中间派。这就不可避免地使得重新基督教化的任何企图格外困难。但是我们不妨开始挪动标杆。倘若基督教身份的资格，通过自由主义来坚持基督教伦理的当代表达，那么更多人就归属教会了。问题在于，我们是否有理由把自由伦理描述成在西方社会盛行的基督教伦理？

分析自由派基督教伦理的盛行一个困难是，它在我们文化中如此普及，以至于我们几乎注意不到它的在场。自由主义有一种被认为理所当然的地位，这意味着，我们可能意识不到它对我们的批判性思维所施加的巨大影响。只是当我们做出一些不被这些原则和价值所影响的陈述时，它们的广泛流布才彰显出来。[4] 幸运的是，前面提到的约翰·格雷的著作《稻草狗》承担了这样一项任务。[5] 假如我们细看他的思想，就能感觉到自由伦理影响是多么大。

格雷论述道，由于达尔文的进化论，我们应该把人类想成像其他动物一样。在格雷看来，达尔文成功地论证了这一点：进化成功的欲望控制并指引着人类的生活。在这一点上人类就像其他动物一样。认为人类具有特殊地位的观念是前达尔文时代的神话。达尔文主义颠覆了人类具有特殊地位这条基督教教义。[6]这就产生了一系列的含义。当我们审视这些含义时，我们才会看到一个非自由的社会看起来像什么样？格雷提出了一种进化论虚无主义来代替自由主义。

　　进化论虚无主义的一个主要信条是这个思想：寻求真理是一种奢侈。它致力于保护人类，使人类免于来自虚无主义的绝望。它是一个策略，屏蔽人类的耳目，让他们不知道，人生没有别的目的，只是让人这个物种顺应地球的运行机制，尽可能长久地生存下去。在危机时刻，人会抛弃这些奢望。人的目的是保护子女，向敌人复仇，"发泄"情感。这些并不是人类的缺陷，科学或者理性都不能改变或改良它们。它们都是一些特征。它们只不过是认识到人类是生存机器的逻辑后果而已。[7]

　　第二个关键概念是，道德是来自犹太教和基督教迷信的人类神话。在危机时刻，人类又不会讲道德，只会求生。格雷举罗曼·弗里斯特（Roman Frister）的故事为例。[8]弗里斯特在纳粹集中营里被一名德国守卫强奸了。这名守卫随后偷走了弗里斯特的帽子，因为他知道，如果一名囚犯在列队放风时没戴帽子，就会被枪毙。这就会保证这项罪行不会被告发。为了保命，弗里斯特偷了另一名囚犯的帽子。这第二名囚犯在早晨放风时被枪毙了。弗里斯特报导了他在行刑时刻的感觉，那并不是悔恨、羞耻或罪孽感。这反而是为活着、

193

为逃过一死而感到庆幸。格雷的意思是，我们所认为的道德
在危机时刻就被搁置起来了。在这样的时刻，为了生存，人
性暴露出无法无天的一面。

格雷把人类描述成天生的杀手。他说道："种族灭绝就
像祈祷或艺术一样，都是人的本性。"人类不是唯一的嗜杀
动物。猴子是很暴力的。它们如果配备了人类技术，就很可
能像人类那样大量地自相残杀。格雷声称："人类是制造武
器的动物，具有不可遏制的杀生爱好。"[9] 当然，存在着人类
杀戮的大量证据。格雷一一列举出来支持他的观点。这些证
据包括从纳粹、斯大林到卢旺达的屠杀。

我们将提出的最后一个例证是格雷对意志的讨论。格雷
从哲学家叔本华开始，他论证说没有理性这个东西。[10] 只有
人类意志，行使权力和统治的意志。我们用理性来为这个意
志服务。理性的概念帮助我们生存和成功的斗争。但是理性
不是自主的，并不会导向真理。我们的意志被用来保证我们
的进化生存。

列举这些例子并不是要开始一场关于进化虚无主义的讨
论。当然会有许多哲学家和神学家会想要争论说，格雷忽略
了人性中许多道德上卓越的东西。他们会引用古往今来人类
慷慨无私的一些例子，当然也包括大屠杀的教训。许多人会
发现格雷的分析很糟糕。但是我们的目的并不是要判断格雷
正确与否，相反，它是要表明自由价值在多大程度上支撑着
西方社会生活的准则。在当代西方社会，大多数人都相信，
有一套伦理规范造就人类行为。道德价值观是真实的和重要

194

208

的，并不是一些为了生存起见而可抛掷的神话和迷信。他们相信社会可以进步，而且这样的进步是通过教育和科学而取得的。个人和社会进步的概念，赋予人生意义。他们相信人类都是一些个人，应该为自己的行动负责。人类行动应该用一套道德规范来衡量。人不仅仅是另外一个动物物种。这套道德规范使人们得以在社会中共同生活。而社会本身是人的社会属性的一个例子。我们并不选择单独生活，只做自利的行动。我们选择在一起生活，互相帮助。西方社会为自己对其成员和其他国家的人民所展示的同情和慷慨感到自豪。这并不是一个教科书式的自由主义定义。但是对格雷的拒斥，或者把他说成是道德虚无主义者，显示了自由伦理是怎样支撑着西方社会的社会与文化价值观的。

我们争论的重要意义在于，这种文化影响力是当代的。以格雷那种虚无主义的方式来描述人类会招来四面八方的批评。而拒绝赞同格雷，表明了西方大多数人在多大程度上被他所想拒斥的价值观和原则所培育。这意味着，基督教伦理如同自由社会的价值观中所表达的那样，不仅仅是一笔历史遗产。它是西方社会中一个真实而积极的存在。西方的当代生活是由清楚可辨的基督教伦理价值观所塑造的。

在我们关于基督教和自由社会伦理之关系的讨论中，还有最后一点要澄清。也许读者已经注意到，我所谈论的是定义宽泛、历史悠久的复杂领域。我的讨论是以非常宽泛的术语来表述的。这就意味着，关于自由主义是如何演进的，它与人文主义有何区别，这两个问题中的许多细节都被忽略

了。有一个问题是，这样做是否合法？以我的方式来谈论自由主义和人文主义以及西方世俗社会，可能不够精确或不够

195 详细。在某种意义上，这个批评言之有理。我没有提出证据来说明言论自由或议会民主的概念是基督教神学思想的产物。例如，在结社权利和人类罪孽的教义之间没有建立直接联系。我也确实把人文主义和自由主义混为一谈了。此外，我谈到西方社会是自由社会，而有些人却主张，西方社会拒绝了一个完整的、功能正常的自由主义的一些核心特征。

我反其道而行之，用非常笼统的词语来描述自由社会、自由主义价值观和原则。同样，我也是这样描述人文主义和基督教的。这样做的理由就是我试图分析和讨论西方大众的和一般性文化。这并不是对任何具体形式的自由理论进行审视。相反，这是对一个在整体上自称自由社会的社会所作的描述。因此，我对术语的宽泛使用反映了我对讨论整个社会的关注，反映在可能被认为是文化规范的问题上。这是一桩有风险的事情，因为它可能给人的印象是非常笼统的。然而，它的价值就在于它使得我们能够以新的富有成效的方式来思考西方社会。我主张统而言之有助于这场讨论。

在本章的第一部分，我概述了本书迄今为止所展示的论点。然后论证西方社会由于接受基督教伦理的自由准则和价值观受到它的影响。我从反面阐明了这一点。也就是说，我审视了一种拒绝主流的自由价值观和原则的哲学。这种哲学离影响和主宰西方社会公开讨论的思想如此遥远，它表明了

基督教自由价值观持久的重要性。那些认为自由社会与教会有重大区别的人会质疑这一点。在本章的下一节，我将探讨这些对比鲜明的观点。

让教会仍然是教会 196

对我所提出的基督教与自由主义之间整合关系的一个主要批评，来自认为在这两套信仰之间存在根本冲突的那些人。他们主张，教会的作用，也就是其政治作用，是作为西方社会占主导地位的自由政治秩序的另一选择而存在的。我所提出的方案将会阻止这种对立的作用，原因是我们融合基督教与自由思想的方法。这一批评立场最有影响的例子是美国神学教授斯坦利·豪尔华斯（Stanley Hauerwas）。我从探讨他对西方自由政治秩序的批判开始。[11]

据豪尔华斯之见，自由理论与基督教之间的根本区别在于，基督教对道德或伦理生活中的善的构成要素有一个概念。自由主义被认为缺乏对基本伦理价值的实质性描述。事实上，自由主义作为一种意识形态提出来，以应对众多不同的政治真理观和宗教真理观。自由主义是一种方法，通过这一方法，多元真理观在一个希望共存而没有公开的暴力冲突的社会得到管理。因此，自由主义是一套程序，靠着这套程序，社会中的人能够处理他们没有共同历史的问题。[12]除了解决自利群体和个人之间的冲突，自由主义没有哲学的或伦理的内容。所需要的一切只是个人或群体同意服从解决分歧的规则。

这就把个人置于自由理论的核心了。这"个人"是一个自我中心和自利的人。对于自由主义来说，只要个人不诉诸暴力，优先考虑与其他同样自利的个人一起生活，这倒没有大碍。发生利益冲突时，自我中心的个人必须把解决冲突的程序置于自己的私利之上。这是民主所办到的事。民主是一套机制，它使得人们不必诉诸野蛮暴力就能解决冲突。那些谴责民主政治的人认为，在对立团体之间的讨论中，有口头与情绪的暴力，而选举的胜利与战争的胜利也别无二致。但是没有流血，这较之以前却是重大的改进。当然，这并不意味着自由民主社会不会对其他国家实施暴力，但是它们内部的争论却可以用和平方式解决。

那些主张这一点的神学家批判自由理论家，称后者企图通过程序性机制来构筑关于什么是伦理的实质性概念。例如，斯坦利·豪尔华斯对约翰·罗尔斯（John Rawls）利用政治程序来构筑正义概念的企图持批评态度。所缺失的是何谓善和道德的完整定义。罗尔斯提出了辨识正义的本质的一个复杂工具，叫作"原始状态"。限于篇幅，这里只能简要地描述这个广受热议、发展成熟的机制。要言之，罗尔斯说道，判定何为正义的方法是从社会应该这样组织，让所有个人和群体都得到公平待遇的角度来主张的。经济和社会优势的效果应该予以清除。罗尔斯要求我们想象，在毫不知道我们自己的社会地位的情况下，我们必须研究出能让社会秩序公正的一套原则。这就是原始状态。预期就是，以这种方法发展出来的政治秩序不会偏袒任何个人或社会群体。豪尔华斯认为，这证实了自由理论的缺陷。它表明了自由主义是怎样拥有自利、自由流动的个人观。那是一个被剥夺干净任何历史场所的个人。我们如果处于罗尔斯所说的原始状态中，毫不知晓我们的社会地位，那么我们就没有任何个性了。这样一个非历史性的个人当然不能存在。他就是零。更有甚者，这样的个人缺乏自利的视角，这一视角使得他或她与其他自利的个人不同。就意味着，而且这是豪尔华斯所提出的程序之悖论，即原初状态根除了最初使得它成为必要的个人差别，从而发挥作用。豪尔华斯自己很好地表述了这一点：

约翰·罗尔斯所详细阐述的漂亮的伦理和政治理 198
论中最近对"正义"的强调，可以理解为它表示能够对
我所描述的正义有更深刻的领会。他的书不必深入论述
批评罗尔斯所必需的详尽论点，就能够作为自由传统的
道德局限的证明而存在。因为"原始状态"是自由理论
的非历史性方法的一个鲜明比喻。因为自我脱离了其历
史，仅剩下其个人的偏好与成见。这场讨价还价游戏所
产生的"正义"无非是一个保证，即我消费的自由会相
当受限于整体分配份额。诚然，对"最弱势群体"的某
种关怀被内置于这个体系之中，但尚不足以限制我对自
我利益的适当关心。罗尔斯的立场完全缺乏正义理论最
终取决于对善的看法的暗示，或者说正义对个人对社会

都同样是一种范畴。问题不仅仅是如何公平分配任何社会的份额，而且倘若个人要公正，该如何为他们自己设定边界？[13]

豪尔华斯接着说，为了消除嫉妒，罗尔斯不得不保证，如果社会要公平，所有的欲望就必须平等。讽刺的是，要在相互竞争的个人之间达致社会公正，就必须废除个性的本质。要点是，如果没有这种差异，个人就会融入一种苍白的集体形式。豪尔华斯认为，并不是所有的欲望都应公平对待。那些擅长过有德生活的个人要比那些没有这样修养的个人拥有更多公正的欲望。

199　　此处所讨论的是在自由社会中个人主义的性质。问题在于个人是否获允信其所欲信，行其所欲行，只要这没有超出自由政治秩序的界限。相对于非历史性的自由个人，另一个选项是社会，社会知道什么是真的，因此给个人可以相信的事物设定了界限。一个自由的个人可以构建自己的故事。一个基于社会的个人被社会的故事所塑造。

豪尔华斯心中所想的是教会。教会这样教育人民，而且可以说这样给他们灌输教义，如果说这可以是一件好事的话，那么他们的第一本能是按伦理生活。通过共同体的生活、祈祷、做礼拜、研修、参与社会项目等功夫，从本质上塑造人们的世界观。他们自然而然地选择道德之路，这条路就是充盈他们人生的基督教的一种表达。这意味着教会在共同体中的首要作用，并不是参与政治运动和竞选。

反之，教会的首要作用是做好它自己。这就意味着教会作为自由政治秩序中一个另类共同体而存在。只有那时人民才能被培育好，在自由社会中按伦理生活。教会的另类身份之核心是它知晓它有一个关于人类的真实讲述。教会有一个救世主，他限制了政治和社会运动的主权。教会体现了一种是什么构成道德之善的观念。这并不意味着教会应该拒绝所有的社会秩序，或者不问政治。豪尔华斯清楚表明，它不该这么做。但是这不意味着教会的首要职责就是忠实于它自己。这就使得有必要展示一种共同体生活，当信任而不是恐惧主宰着个人生活时，这种共同体生活是有可能的。[14]

豪尔华斯的著作有不少地方颇受热议和批评。我们没必要探讨所有这些讨论。[15]但是我们可以着重探讨有别于豪尔华斯的自由主义讲述的另一选项。通过审视这另一观点，我们将会更接近这个论点的核心。这另一观点的主要倡导者就是杰弗里·斯托特（Jeffrey Stout）教授。[16]他认为，民主不仅仅是一套程序，本来自利的个人凭这套程序寻求和平共处。有一个民主传统和一套美德塑造了民主派的生活。斯托特对民主传统的分析中有意义的地方在于，他赋予自由主义的程序便利以伦理的实质。我现在就要论述这一点。

斯托特承认，自由社会中有些人会持宗教观点，这种观点会在很大程度上影响他们希望为公众辩论做出贡献。[17]他据以著书立说的美国的政治语境尤其如此。但是，自由社会中的这些信教人士也非常实用主义地承认，他们的宗教动机和理由并非与所有其他人共享。如果他们是非常实用主义的，他们就可能会算计，可能没有足够数量的多数其他人分享他们的宗教观，使他们赢得正在进行中的任何讨论。因此，他们以持不同宗教观的人可以同意的方式来表达自己的观点。他们可以藉此形成一个有效的政治联盟。这就意味着，西方自由民主讨论中宗教语言的缺席，是应对多元主义的一个实用手段。

在这一点上，斯托特对自由民主制度的解释似乎强调的是程序。但是，下面一点却反驳了这样一种分析。斯托特认为，美国的自由民主制度有其历史和传统。这个传统的价值就在于，它可以用保护和促进自由民主制度所需的技能和资源，生活在民主社会中。它们是"某些推理习惯、某些在政治讨论中对尊敬和权威的态度，以及对某些善和美德的爱，还有对某些行动、事件或人物表示钦佩、怜悯或作出恐惧反应的倾向"。[18] 威胁自由民主制度的并不是空洞的个人主义，个人主义只关心个人私利；而是实行民主所必须的习惯和惯例的终止。斯托特批评那些攻击自由主义的人士，如果他们像豪尔华斯那样有影响力，那么他们就会破坏民主传统的生命力。

201　　　这样说的意义就是，自由传统中的个人并不是一个零。生活在民主社会中的自由的个人是自由传统的一部分。此外，他们被提供了某些习惯和技能。因此，民主秩序下自由的个人可以判断活得好不好，而社会可以做出或多或少的努力来成为民主社会。在这个意义上，民主是一种自由的道德之善。

这场讨论的核心是正在形成的传统的问题。这是斯托特的分析所提出的问题。对于豪尔华斯来说，自由主义培育了一些人，他们不得不否认自己的个性，才能有正义的概念。对于斯托特来说，自由主义可能会产生娴熟的民主实践者。我曾论证过，自由传统是基督教的一种持久表现，因此，受自由主义影响的人，在当前的某种形式上是以基督教的方式行事。自由主义具有实质内容，因为它是基督教的一种当代表现。那些在自由政治秩序下培养出来的人可以是娴熟的基督教践行者。问题在于，谁对基督教与自由主义之关系有正确的理解。

可以假设，处理这个问题的方法就是详细地审查自由主义的历史。这是可能的；然而，这种方法的问题就是视角的问题。存在着各种类别的大量证据，历史学者和政治理论家可以得出相互对立的结论。我们可以从现有资料来源中找到赞成或反对自由主义与基督教紧密联系的理由。有一些自由理论家的例子，他们似乎完全得益于基督教，然而也有一些似乎完全拒绝任何基督教影响的理论家。洛克和康德是第一种视角的例子，而穆勒似乎是第二种视角的佳例。这意味着注意到这一点是有益的：我们如何分析这种关系，源于我们对西方自由主义社会的看法。这取决于我们是否认为，当代西方社会尽管被自由理想所主宰，却也是基督教的。有那样一些人，诸如豪尔华斯，他们很显然扬弃了自由主义的基督教根基。相反，我坚持认为，西方社会展示出受基督教价值 202

217

观深刻影响的迹象。我最后的任务就是为这一观点提供几条
理由。

良善的自由社会

我的主要论点是，西方世俗社会应该被认为是伦理社
会。这样，它首先是一个关注伦理问题的社会，而对伦理的
关注却显然是基督教的，但我想论证的还不止于这些。西方
自由社会和世俗社会所得出的许多结论都可以看出是基督教
的。这样说的意思是，社会与政治领袖不能忽略被边缘化、
被排斥的人的处境。要论证这个问题殊非易事。如何对一个
知道自己每况愈下的社会说好话，令人困窘。从许多方面来
说，不为它辩护反倒更好。但是，那些把自由社会视为反基
督教社会的人，他们所提出的强烈批评意味着有必要为其辩
护。因此，冒着风险来赞扬可以更好得多的社会，是有必要
的。这就是伦理社会的两难窘境。赞扬并不意味着会导致政
治上的志满意得；恰恰相反。西方自由政治秩序既能行善，
也能作恶，因此，值得我们认真对待。

我们在西方社会看到，伦理关怀在人生的几乎所有领
域具有突出地位。科学产生伦理问题。这些问题出现在医学
科学里，例如，备受瞩目的堕胎问题、干细胞研究问题、克
隆人和安乐死问题。除了法律上的最低限制之外，西方社会
还没有找到在这些问题上取得一致同意立场的共同方法。但
是，西方确实认为这些问题具有头等重要性。科学也发现了

一个与环境有关的伦理问题。科学家们分析了全球变暖和臭氧层减少的问题。他们也建议了一些方法，人类可以藉此改变自己的行为，从而减少这些问题。但是我们并不是认为这些问题已经被解决了。我们要说的是，这些问题是公众共同关心的问题，这是西方社会的一个特色。 203

　　我们在社会和政治政策中也能看到一种共识，即西方文化所培育的人不会允许最贫穷、最受压迫的人受到蓄意排斥。例如，最合适的社会福利形式是永恒的政治话题。当然，孰先孰后确实是有别。与美国相比，西欧以将更高比例的公共资金花费在社会福利系统而著称。许多人主张应该花费更多公共基金在社会福利上，税收应该更高。但是在西方没有哪个国家的公众会一致认为穷人或病人的困境不应该成为一个关注的问题。不能以这种方法来赢得选举。有关权利的语言往往会同等地运用于那些社会受压迫者和那些有钱有权者。夫妻关系破裂时，孩子的命运是重要的考虑。

　　西方也准备进行重大的社会改革，因为它对个人权利作出了伦理承诺。因此，妇女在当代社会中享有了经济、社会和政治的地位，在此前的西方社会历史上，妇女难得享有这些地位。同样的情形也适用于黑人、亚裔和同性关系的人。权力语言也惠及在西方社会之外的那些人。有一种真实的意义，即一种共有的人类纽带意味着当人们死于可治愈的疾病、饥饿或种族灭绝行径时，西方公民会期待他们的政治领袖采取行动。而且这样的行动往往确实会发生，因为政治领导人知道压力是实实在在的。

行文至此，有必要打住，不然我的论点会被认为是幼稚的胡言而被弃置。西方社会的成就难得被赞扬。常见的做法就是批评西方的秩序，因为它有许多缺陷。种族主义仍然是社会中的普遍问题。女性经常被排斥在职场的最高层级之外。那些同性关系的人，还有妇女、黑人和亚裔常常遭受残暴的、平白无故的暴力。民主政体的运行在很大程度上依赖财富、权势和媒体影响力。西方太乐意开战。我并不否认这些令人痛苦的真相。我并不是说西方是一个理想之地，远非如此。在此阶段，作者的立场也不可忽略。太容易歌颂一个达到很高满意度的社会。此外，激进地重组社会确实会造福许多现在被排除在外的人。因此，我并不相信这是所有可能世界中最好的一个。我并不是提倡我们都成为莱布尼茨的信徒。但是我们如果决定终结自由政体或用一个反自由的意识形态或神学来取代自由主义，那么我们就必须意识到我们会失去什么。自由社会的终结只会带来重大的社会代价。

这里所遇到的困难来自于承认伦理社会核心的张力。我们想说的是，我们的社会是伦理社会，它对构成道德之善的东西的本质，有一种根本的关怀。但它同样也有能力从根本上把人们排除在道德之善之外。它是一个能自我构筑的社会，因此，他既能以全神贯注于对被压迫者慷慨大方的方式存在，同时又压迫这些人。这使得它成为基督教的吗？当然，它绝对配不上基督教的理想。但如果我们把它与格雷的进化论虚无主义相比较，那么它就配得上基督教的理想。西方社会并不相信或并不颂扬把人类描写成杀人机器。它并不把基因生存看作它最大的成就。它的行动并不显得好像道德是一个神话或迷信。它在这些问题上也许在欺骗自己，但那绝不是它的文化。西方的伦理讨论和成就意味着把它描述成一个靠基督教道德之善概念而生存的文化是精确的。

结论

我们现在可以总结西方世俗社会的宗教和文化特性了。生活在当代西方世俗社会中的人具有双重心态。他们信服科学方法解决技术问题的功能优越性。这造成了他们对科学的信奉。但人们也认识到科学方法论不能解决伦理问题。科学允许无限制的技术进步。但科学没有内置的方法来决定哪些进步是好的，哪些进步是错误的。因此，人们重新捡起他们进行伦理决策的传统手段，即基督教。

世俗化社会的一个奇怪特色就是，社会中的大多数人信上帝。我们一直在论证的是，这种信仰的表现是一个严肃的命题。自维多利亚时代以来，基督教文化业已发生变化。它的统治地位大不如前，而且在西方几乎所有国家，上教堂的人也更少了。但是，维多利亚时代以它效忠教会的高水平而成了一个例外。业已发生的就是，信教人数的减少被描述成基督教的衰落。对此我提出的反驳是，我主张更恰当的看法是把它看作回归更正常的宗教信仰和实践水平。更可能是基督教对后维多利亚基督教的新状况做出了适应和改变。基督教的这一新形态具有某些鲜明的特色。人们在践行他们的信仰时，往往会感同身受。他们对基督教的了解程度取决于他们的具体需求是什么。人们继续依赖上帝信仰和基督教的临在来激发和煽起他们对伦理的普遍关怀。这些特色聚集起来构成了我们所说的伦理社会。这就是西方世俗社会中占统治地位的宗教和文化特性。

注　释

第一章　西方世俗主义

1　国家统计在线：http://www.statistics.gov.uk。
2　洛克·哈尔曼，《欧洲价值观研究：第三次浪潮》（le Tilburg，2001），pp.81，86。
3　格蕾丝·戴维，《自1945年以来英国的宗教》（牛津，1994）。
4　史蒂夫·布鲁斯，《现代世界里的宗教：从大教堂到教派》（牛津，1996），p.38。
5　格蕾丝·戴维，《欧洲：特例》（伦敦，2002）。
6　戴维评论道，爱尔兰人口中57%的人每周上一次讲堂，这个比例在英国跌至14%，而在瑞典则只有4%。戴维，《欧洲：一个特例》，p.6。
7　哈尔曼，《欧洲价值观研究》，p.81。
8　约翰·格雷，《启蒙运动之后：现代终结时的政治与文化》（伦敦，1995）；拉里·赛登特洛普，《欧洲的民主》（伦敦，2000）。
9　布鲁斯，《现代世界里的宗教》，p.30。

第二章　科学：新技术

1　伯特兰·罗素，《西方哲学史》（伦敦，［1946］1996），pp.68—69。

2 最后一句意译美国贵格会教徒鲁弗斯·琼斯的话。有意思的是，教会像世俗化组织一样关注世俗主义。国际传教理事会耶路撒冷会议是教会历史上的一个重大事件，相当关注世俗主义的话题。后文中很多处都取自他们的研究，尤其是琼斯的发言。鲁弗斯·琼斯，《世俗化文明与基督教任务》，收入《与非基督教制度相关的基督教人生与启示》。这是1928年3月24日—4月8日国际传教理事会耶路撒冷会议报告，第一卷（伦敦，1928），pp.284—338。

3 琼斯，《世俗化文明与基督教任务》，p. 292。

4 琼斯，《世俗化文明与基督教任务》，p. 296。

5 雅各比，《自由思想者：美国世俗主义历史》（纽约，2004）。关于英格索尔的详情，尤其参见 pp. 157—185。

6 雅各比，《自由思想者：美国世俗主义历史》，p. 173。

7 例如，参见理查德·道金斯，《上帝赐予堪萨斯州的礼物》，以及与时任牛津主教理查德·哈里斯合著《创世论是拙劣的科学与神学》，两者都可在英国人文主义协会网站上查阅：http://www.humanism.org.uk. 创世论的观点在创世论研究所的网站上表述得很好：http://www.icr.org.

8 阿桑·塔米米，《阿拉伯世俗主义的起源》，收入J. Esposito（埃斯珀斯托）与A. Tamimi（塔米米）（合编）《伊斯兰与中东的世俗主义》（伦敦，2000），尤其参见pp. 13—16。

9 彼得·盖伊，《弗洛伊德：当代传记》（纽约，1988）。

10 西格蒙德·弗洛伊德，《一种幻象的未来》，载《标准版西格蒙德·弗洛伊德心理学著作全集》，第21卷（1927—1931），詹姆斯·斯特拉齐英译（伦敦，[1927] 1964），p.55。

11 弗洛伊德，《一种幻象的未来》，p.16。

12 弗洛伊德，《一种幻象的未来》，p.17。

13 弗洛伊德，《一种幻象的未来》，p.18。

14 弗洛伊德，《一种幻象的未来》，p.19。

15 引自彼得·盖伊，《弗洛伊德：当代传记》，p.524。

16 弗洛伊德，《一种幻象的未来》，p.23。

17　彼得·布朗,《希波的奥古斯丁传》(伯克利,[1967]2000),
　　p.30。

第三章　世俗主义与社会历史

1　关于贝尔格与威尔逊的著作,尤其参见彼得·伯格,《宗教的社会
　　现实》(哈蒙兹华斯,1972);以及布莱恩·威尔逊,《世俗社会中
　　的宗教》(伦敦,1966)。

2　史蒂夫·布鲁斯,《英国基督教的终结》,收入G.戴维,P.希拉
　　斯和L.伍德海德(合编)《预测宗教:基督教、世俗的与另类的未
　　来》(阿什盖特,2003),p.62。

3　参见洛克·哈尔曼,《欧洲价值观研究:第三次浪潮。1999—2000
　　欧洲价值观研究调研资源书》(Le Tilburg, 2000) p.35中问题6C。

4　在戴维、希拉斯与伍德海德合编的《预测宗教:基督教、世俗的与
　　另类的未来》一书中,史蒂夫·布鲁斯提供了一篇他所写的一章中
　　数据的有用摘要,pp. 54—57。

5　史蒂夫·布鲁斯,《现代世界里的宗教:从大教堂到教派》(牛津,
　　1996),pp. 39—52。

6　布鲁斯,《现代世界里的宗教》,p.45。

7　布鲁斯,《现代世界里的宗教》,p.52。

8　格蕾丝·戴维,《欧洲:一个特例——现代世界里信仰的参数》(伦
　　敦,2002),p.7。

9　格蕾丝·戴维,《1945年以来英国的宗教》(牛津,1994),尤其参
　　见第6章。

10　布鲁斯,《现代世界里的宗教》,p.57。

11　参见休·麦克里奥(Hugh McLeod),《1848—1914年西欧的世
　　俗化》(纽约,2002),p.272;以及杰里米·莫里斯,《基督教英
　　国的奇怪死亡:世俗化辩论的又一视角》,载《历史学报》46/4
　　(2003)。所提及的著作是:莎拉·威廉斯,《约1880—1939年南
　　沃克的宗教信仰与大众文化》(牛津,1999);理查德·赛克斯,

《约1914—1965年达德利与康纳尔的大众宗教》（沃尔沃汉普顿大学未刊博士论文，1999）。

12 引自莫里斯，《基督教英国的奇怪死亡》，p. 967。

13 格蕾丝·戴维，《现代欧洲的宗教。记忆突变》（牛津，2000）。

14 参见戴维这一标题的书：戴维，《欧洲：一个特例》。

15 戴维，《欧洲：一个特例》，p.28。

16 布鲁斯，《现代世界里的宗教》，p.96。

17 卡伦·布朗，《1800—2000年基督教英国之衰亡——理解世俗主义》（伦敦，2001）。

18 布朗，《基督教英国之衰亡》，p.162。

19 布朗，《基督教英国之衰亡》，p.170。

20 布朗，《基督教英国之衰亡》，p.172。

第四章　普通人重塑基督教

1 托马斯·库恩，《科学革命的结构》，第2版（芝加哥，1970）；安东·魏瑟尔斯，《欧洲：它何曾真的是基督教的？》（伦敦，1994）。

2 孔汉思，《神学中的范式转移：一个讨论的议题》见H. Küng and D. Tracy，《神学中的范式转移。供未来之用的一次专题讨论》，Margaret Köhl 译（爱丁堡，1989），p.7。

3 大卫·博什，《转变传教——传教神学中的范式转移》（玛丽诺尔，纽约，1991），pp. 181—182。正如博什所论，孔汉思与博什得益于托马斯·库恩的研究成果，pp. 183—184。

4 博什，《转变传教》，第6章，pp.183—184。

5 博什，《转变传教》，p.190。

6 亚伯拉罕·玛尔赫伯，《道德劝善——古希腊—罗马原始资料集》（费城，1986）；博什，《转变传教》，p.194。

7 博什，《转变传教》，pp.206，211。

8 博什，《转变传教》，pp.190—191。

9 博什，《转变传教》，p.211。

10　孔汉思，《神学中的范式转移：一个讨论的议题》，p.30。

11　安东·魏瑟尔斯，《欧洲：它何曾真的是基督教的？》（伦敦，
　　1994），p.3。

12　魏瑟尔斯，《欧洲》，p.4。

13　魏瑟尔斯，《欧洲》，p.13。

14　魏瑟尔斯，《欧洲》，p.10。

15　魏瑟尔斯，《欧洲》，p.12。参见比德，《英吉利教会史》（伦敦，
　　1910），卷2，p.11。

16　魏瑟尔斯，《欧洲》，pp.34—35。

17　魏瑟尔斯，《欧洲》，pp.35—36。

18　魏瑟尔斯，《欧洲》，p.36。

19　魏瑟尔斯，《欧洲》，p.41。

20　魏瑟尔斯，《欧洲》，p.42。

21　魏瑟尔斯，《欧洲》，p.44。

22　魏瑟尔斯，《欧洲》，p.154。

23　魏瑟尔斯，《欧洲》，p.154。

24　魏瑟尔斯，《欧洲》，p.166。

25　约翰 D. 克罗桑，《历史上的耶稣——地中海一位犹太农夫的传记》，
　　（爱丁堡，1991），pp.xxvii。

26　克罗桑，《历史上的耶稣》，pp. xxvii—xxviii。

27　邓尼斯·尼纳汉姆，《中世纪与现代基督教》（伦敦，1993）。

28　纽比金写过探索这一主题的数本小书。他的主要著作是：纽比金，
　　莱斯利，《在多元主义社会里的福音》（伦敦，1989）。

第五章　中世纪的上教堂和朝圣

1　伊蒙·达菲，《拆毁祭坛：英格兰1400—1580年间的传统宗教》第2
　　版（纽黑文，2005）。

2　后面一节依据萨顿，《中世纪的西方社会》，第2章，pp.24—52。

3　达菲，《拆毁祭坛》，pp.3—4。

4 例如，罗宾·吉尔，《重访无人的教堂》（阿尔德肖特，2003）。

5 布鲁克·罗莎琳和布鲁克·克里斯托弗，《1000—1300年中世纪西欧的大众宗教》（伦敦，1984）。

6 托马斯·基思，《宗教与巫术的衰落——16与17世纪英国大众信仰研究》（伦敦，1973），尤其参见第1章，pp.3—24。

7 约翰·欣纳斯（编）《1000—1500年中世纪大众宗教读本》（安大略，1997），p.162。

8 达菲，《拆毁祭坛》，p.11。

9 达菲，《拆毁祭坛》，p.112。

10 达菲，《拆毁祭坛》，p.93。

11 伯纳德·哈密尔顿，《中世纪西方的宗教》，第2版（伦敦，2003），p.89。

12 托马斯，《宗教与巫术的衰落》，p.191。

13 达菲，《拆毁祭坛》，p.123。

14 引自约翰·阿诺德，《中世纪欧洲的信仰与非信仰》（伦敦，2005），p.141。

15 托马斯，《宗教与巫术的衰落》，p.191。

16 卡尔·沃尔慈，《中世纪教会，从中世纪黎明到宗教改革前夕》（纳什维尔，1997），p.147。

17 达菲，《拆毁祭坛》，p.165。

18 达菲，《拆毁祭坛》，p.179。

19 记录在欣纳斯，《1000—1500年中世纪大众宗教读本》，pp.172—173。

第六章　当代和中世纪的基督教生活

1 维尔纳·乌斯托夫，《并非在雷声中听到，在历史的后院中寻找上帝》载于F.杨格（编）《我们敢公开谈论上帝吗？》（伦敦，1995），pp.100—114。后面一节借鉴了乌斯托夫的著作。

2 乌斯托夫：《并非在雷声中听到，在历史的后院中寻找上帝》，

pp.102—103。

3　《一个西班牙农夫的信仰》，收录在欣纳斯，《1000—1500年中世纪大众宗教读本》（安大略，1997）中，pp.61，62。

4　达菲，《拆毁祭坛》，p.16。

5　此处所描写的与阿兰·比林斯"文化基督教"的概念意义类似。参见其书：阿兰·比林斯，《世俗人生、神圣心灵、无宗教时代中教会的作用》（伦敦，2004）。

6　格蕾丝·戴维，《欧洲宗教——记忆突变》（牛津，2000），p.59。

7　罗纳德·芬努坎恩，《神迹与朝圣：中世纪英格兰的大众信仰》（纽约，1977），p.46。

8　达菲，《拆毁祭坛》，p.339。

9　引自欣纳斯，《中世纪大众宗教》，p.363。

10　达菲，《拆毁祭坛》，p.357。

第七章　启蒙运动效应

1　彼得·盖伊，《启蒙运动：一种阐释》。卷1《现代异教的兴起》（纽约，1966）；盖伊：《启蒙运动：一种阐释》卷2.《自由的科学》（纽约，1969）。

2　盖伊，《启蒙运动：一种阐释》，卷1，p.17。

3　"启蒙哲学家"这个术语被用作一个集体名词，描述对启蒙运动做出贡献的不同群体。盖伊在书中第一页把他们描述为"从爱丁堡到那不勒斯、从巴黎到柏林、从波士顿到费城的文化批评家、宗教怀疑论者和政治改良家的松散的、非正式的，完全没有组织的一个联盟。"他们包括大学哲学家、新闻记者、经济学家、文化批评家和政客。英语中没有哪个词能以同样的精确性和共鸣来描述这个群体。

4　这篇论文收录在海兰德、保罗与格美、奥尔加和格林赛兹、弗朗切斯卡（合编），《启蒙运动：资料集和读本》（伦敦，2003），pp.54—58。

5　同上书，p.54。

6　盖伊，《启蒙运动：一种阐释》，卷1，p.141。

7　同上书，p.8。

8　同上书，p.3。

9　同上书，p.4。

10　多林达·奥特兰姆（Dorinda Outram）综述了这些批评。多林达·奥特兰姆，《启蒙运动》，第2版（剑桥，2005）。

11　参见盖伊，《启蒙运动：一种阐释》卷2，尤其参见第3部第1章，pp.3—55。

12　引自盖伊，《启蒙运动：一种阐释》卷2，p.9。

13　盖伊，《启蒙运动：一种阐释》卷2，p.9—10。

14　简要的生平细节可在海兰德与格美、格林赛兹合编《启蒙运动——资料集和读本》，pp.37—38。

15　引自盖伊：《启蒙运动：一种阐释》，卷2，p.129。

16　罗伊·波特，《启蒙运动》，第2版（巴辛斯托克，2001）p.15。

17　本节内容参见盖伊，《启蒙运动：一种阐释》，卷2，p.141以后；以及海兰德、格美与格林赛兹：《启蒙运动。资料集和读本》，pp.37—38。

18　诺曼·汉普逊，《启蒙运动——其设想、态度与价值观》（伦敦，1968），p.86。

19　盖伊，《启蒙运动：一种阐释》，卷2，p.26。

20　波特，《启蒙运动》，pp.29—37。

21　盖伊，《启蒙运动：一种阐释》，卷1，pp.201—202。

22　拉里·赛登托普，《欧洲的民主》（伦敦，2001），尤其参见第10章，pp.189—214；约翰·格雷，《稻草狗——关于人类与其他动物的思索》（伦敦，2002），以及约翰·格雷，《启蒙运动之后：现代终结时的政治与文化》（伦敦，1995）。

23　赛登托普，《欧洲的民主》，p.197。

24　同上书，p.210。

25　这是格雷著《稻草狗》中所采取的方法。

26　格雷，《稻草狗》，p.4。

27　同上，p.31。

28　同上，p.109。

第八章　最后的清教徒时代

1　卡伦·布朗，《基督教英国之衰亡》（伦敦，2001），p.9。

2　布鲁斯属于那些认为这一数字处于等级低端的人。史蒂夫·布鲁斯，《现代世界里的宗教：从大教堂到教派》（牛津，1996），p.30。布朗的估计数目更大，布朗，《基督教英国之衰亡》，p.162。

3　布朗，《基督教英国之衰亡》，pp.156—161。

4　布朗，《基督教英国之衰亡》，pp.11—15。

5　布朗，《基督教英国之衰亡》，pp.25。

6　布朗运用了一种依赖文化理论的方法。他把他所调研的基督教认同称之为"散漫的基督教"。

7　布朗，《基督教英国之衰亡》，pp.39—40。

8　布朗，《基督教英国之衰亡》，p.46。

9　布朗，《基督教英国之衰亡》，pp.49—50。

10　爱德华·罗伊尔，《1791—1866年维多利亚朝的不信教者——英国世俗主义运动的缘起》，p.284。

11　罗伊尔，《维多利亚朝的不信教者》，p.4。

12　罗伊尔，《维多利亚朝的不信教者》，p.237。

13　罗伊尔，《维多利亚朝的不信教者》，p.287。

14　此段译文引自瓦尔特·考夫曼，《尼采——哲学家、心理学家、敌基督》，第4版（普林斯顿，1974），p.97。后文对该寓言的讨论依从考夫曼书中第96—102页所述。

15　考夫曼，《尼采》，p.101。

第九章　伦理社会

1　大卫·马丁，《论世俗化——走向一个修正的普遍理论》（阿尔德肖，

2005）。

2 马丁，《论世俗化》，pp.3—4。

3 马丁，《论世俗化》，p.119。

4 马丁也做出同样论述。见马丁《论世俗化》，p.75。

5 约翰·格雷，《稻草狗——关于人类与其他动物的思索》（伦敦，
   2002）。

6 格雷，《稻草狗》，p.26。

7 格雷，《稻草狗》，p.28。

8 格雷，《稻草狗》，p.89。

9 格雷，《稻草狗》，p.92。

10 格雷，《稻草狗》，p.44。

11 豪尔华斯撰写过相当多的著述。我将重点论述其中之一，该书直
    接探讨美国的自由民主秩序：斯坦利·豪尔华斯，《一个有品格的
    社会——走向一种建设性的基督教社会伦理》（诺特洛丹，1981）。

12 豪尔华斯，《一个有品格的社会》，p.78。

13 豪尔华斯，《一个有品格的社会》，p.83。

14 豪尔华斯，《一个有品格的社会》，p.85。

15 对豪尔华斯的思想和他在美国文化中的地位最具真知灼见的批评
    来自杰弗里·斯陶特（Jeffrey Stout）教授。斯陶特了解豪尔华斯
    为时甚久，并且是他的思想及其灵感的详细批评者。尤其参见杰
    弗里·斯陶特《民主与传统》（普林斯顿，2004）。

16 斯陶特，《民主与传统》，pp.2—3。

17 斯陶特，《民主与传统》，p.99。

18 斯陶特，《民主与传统》，p.3。

参考文献

Arnold, John, *Belief and Unbelief in Medieval Europe* (London, 2005).

Arts, Wil, and Halman, Loek, *European Values at the Turn of the Millennium* (Leiden, 2004).

Barnwell, P.S., Cross, Claire, and Rycraft, Ann (eds), *Mass and Parish Life in Late Medieval England: The use of York* (Reading, 2005).

Berger, Peter, *The Sacred Canopy. Elements of a Sociological Theory of Religion* (New York, 1969).

Berger, Peter, *The Social Reality of Religion* (Harmondsworth, 1972).

Billings, Alan, *Secular Lives, Sacred Hearts* (London, 2004).

Blackmann, H.J., *Humanism* (Harmondsworth, 1968).

Bossy, John, *Christianity in the West 1400–1700* (Oxford, 1985).

Brierley, Peter, *The Tide is Running Out. What the English Church Attendance Survey Reveals* (London, 2000).

Briggs, Asa, *The Age of Improvement, 1783–1867* (London, 1959).

Brooke, Rosalind, and Brooke, Christopher, *Popular Religion in the Middle Ages. Western Europe 1000–1300* (London, 1984).

Brown, Callum, *The Death of Christian Britain* (London, 2001).

Brown, Peter, *Augustine of Hippo. A Biography* (Berkeley, [1967] 2000).

Brown, Peter, *The Cult of the Saints. Its Rise and Function in Latin Christianity* (London, 1981).

Bruce, Steve (ed), *Religion and Modernization. Sociologists and Historians debate the Secularization Thesis* (Oxford, 1992).

Bruce, Steve, *Religion in the Modern World. From Cathedrals to Cults* (Oxford, 1996).

Bruce, Steve, *God is Dead. Secularization in the West* (Oxford, 2002).

Burleigh, Michael, *Earthly Powers. Religion and Politics in Europe from the Enlightenment to the Great War* (London, 2005).

Burton, Janet, *Medieval Monasticism. Monasticism in the medieval West: from its origins to the coming of the friars* (Oxford, 1996).

Chadwick, Owen, *The Victorian Church*, 2 volumes (London, 1966–70).

Chadwick, Owen, *The Secularization of the European Mind in the 19th Century* (Cambridge, 1975).

Cox, Harvey, *The Secular City. Secularization and Urbanization in Theological Perspective* (London, 1965).

Davie, Grace, *Religion in Britain since 1945* (Oxford, 1994).

Davie, Grace, *Religion in Modern Europe. A Memory Mutates* (Oxford, 2000).

Davie, Grace, *Europe: The Exceptional Case. Parameters of Faith in the Modern World* (London, 2002).

Davie, Grace, Heelas, Paul, and Woodhead, Linda (eds), *Predicting Religion. Christian, Secular and Alternative Futures* (Ashgate, 2003).

Duffy, Eamon, *The Stripping of the Altars. Traditional Religion in England 1400–1580* (New Haven, 1992).

Dunn, John, *The Political Thought of John Locke: An Historical Account of the Argument of the 'Two Treatises of Government'* (Cambridge, 1969).

Dupré, Louis, *The Enlightenment and the Intellectual Foundations of Modern Culture* (New Haven, 2004).

Elliott-Binns, *Religion in the Victorian Era* (Cambridge, 1936).

Esposito, John, and Tamimi, Azzam (eds), *Islam and Secularism in the Middle East* (London, 2000).

Feuerbach, Ludwig, *The Essence of Christianity*, trans: Eliot, George (New York, [1841] 1989).

Finke, Roger, and Stark, Rodney, *The Churching of America, 1776–2005. Winners and Losers in Our Religious Economy* (New Brunswick, 2005).

Finucane, Ronald, *Miracles and Pilgrims. Popular Beliefs in Medieval England* (New York, 1977).

Forrester, Duncan, *Christian Justice and Public Policy* (Cambridge, 1997).

Fraser, Antonia, *Cromwell. Our Chief of Men* (London, 1973).

French, Katherine, *The People of the Parish: Community Life in a Late Medieval English Diocese* (Philadelphia, 2001).

Freud, Sigmund, *Totem and Taboo* in The Standard Edition of the Complete Psychological Works of Sigmund Freud, Vol. XIII (1913–1914), trans: Strachey, James (London, [1913] 1955).

Freud, Sigmund, *The Future of an Illusion* in The Standard Edition of the Complete Psychological Works of Sigmund Freud, Vol. XXI (1927–1931), trans: Strachey, James (London, [1927] 1964).

Fukuyama, Francis, *The End of History and the Last Man* (London, 1992).

Gay, Peter, *The Enlightenment: An Interpretation. Vol. I. The Rise of Modern Paganism* (New York, 1966).

Gay, Peter, *The Enlightenment: An Interpretation. Vol. II. The Science of Freedom* (New York, 1969).

Gay, Peter, *Freud. A Life for our Time* (New York, 1988).

Gibbon, Edward, *The Decline and Fall of the Roman Empire*, edited and abridged by Hugh Trevor-Roper (London, [1776] 1970).

Gilbert, Alan, *Religion and Society in Industrial England: Church, Chapel and Social Change, 1740–1914* (London, 1976).

Gilbert, Alan, *The Making of Post-Christian Britain* (London, 1980).

Gill, Robin, *The Empty Church Revisited* (Aldershot, 2003).

Gray, John, *Enlightenment's Wake. Politics and Culture at the Close of the Modern Age* (London, 1995).

Gray, John, *Straw Dogs. Thoughts on Humans and Other Animals* (London, 2002).

Halman, Loek, *The European Values Study: A Third Wave. Source book of the 1999/2000 European Values Study surveys* (Le Tilburg, 2001).

Hamilton, Bernard, *Religion in the Medieval West*, 2nd edn (London, 2002).

Hampson, Norman, *The Enlightenment. An Evaluation of its Assumptions, Attitudes and Values* (London, 1968).

Hastings, Adrian, *A History of English Christianity, 1920–1985* (London, 1986).

Hauerwas, Stanley, *A Community of Character. Toward a Constructive Christian Social Ethic* (Notre Dame, 1981).

Hauerwas, Stanley, *With the Grain of the Universe. The Church's Witness and Natural Theology* (London, 2002).

Hillgarth, J.N. (ed), *Christianity and Paganism, 350–750. The Conversion of Western Europe*, revised edn (Philadelphia, 1986).

Hobsbwan, Eric, *The Age of Capital, 1848–1875* (London, 1975).

Hoffman Berman, Constance, *Medieval Religion. New Approaches* (London, 2005).

Hyland, Paul, with Gomez, Olga, and Greensides, Francesca (eds), *The Enlightenment. A Sourcebook and Reader* (London, 2003).

Jacoby, Susan, *Freethinkers. A History of American Secularism* (New York, 2004).

Jones, Rufus, 'Secular Civilization and the Christian Task' in *The Christian Life and Message in relation to Non-Christian Systems. Report of the Jerusalem Meeting of the International Missionary Council, 24 March to 8 April 1928, Vol. 1* (London, 1928), pp.284–338.

Kaufmann, Walter, *Nietzsche. Philosopher, Psychologist, Antichrist*, 4th edn (Princeton, 1974).

Kenny, Anthony, *A Brief History of Western Philosophy* (Oxford, 1998).

Lawrence, C.H., *Medieval Monasticism. Forms of Religious Life in Western Europe in the Middle Ages*, 3rd edn (Harlow, 2001).

Lindbeck, George, *The Nature of Doctrine. Religion and Theology in a Postliberal Age* (Philadelphia, 1984).

Locke, John, *Two Treatises of Government*, ed Goldie, Mark (London, [1689] 1993).

Macquarrie, John, *God and Secularity. New Directions in Theology Today*, Vol. III (London, 1968).

Martin, David, *A General Theory of Secularization* (Oxford, 1978).

Martin, David, *On Secularization. Towards a Revised General Theory* (Aldershot, 2005).

McLeod, Hugh, *Secularisation in Western Europe, 1848–1914* (New York, 2002).

McLeod, Hugh, and Ustorf, Werner, *The Decline of Christendom in Western Europe, 1750–2000* (Cambridge, 2003).

Milbank, John, *Theology and Social Theory. Beyond Secular Reason* (Oxford, 1990).

Mitchell, Joshua, *Not By Reason Alone. Religion, History, and Identity in Early Modern Political Thought* (Chicago, 1993).

Morris, Jeremy, 'The Strange Death of Christian Britain: Another Look at the Secularization Debate', *The Historical Journal*, 46/4 (Cambridge, 2003), pp.963–76.

Nehamas, Alexander, *Nietzsche. Life as Literature* (London, 1985).

Newbigin, Lesslie, *The Gospel in a Pluralist Society* (London, 1989).

Niebuhr, H. Richard, *Christ and Culture* (New York, 1951).

Nineham, Dennis, *Christianity Mediaeval and Modern. A Study in Religious Change* (London, 1993).

Norman, Edward, *Church and Society in England, 1770–1970, A Historical Study* (Oxford, 1976).

Norman, Edward, *Secularisation. Sacred Values in a Godless World* (London, 2002).

Obelkevich, James (ed), *Religion and the People 800–1700* (Chapel Hill, 1979).

Outram, Dorinda, *The Enlightenment*, 2nd edn (Cambridge, 2005).

Percy, Martyn, *The Salt of the Earth. Religious Resilience in a Secular Age* (London, 2001).

Plant, Raymond, *Politics, Theology and History* (Cambridge, 2001).

Porter, Roy, *The Enlightenment*, 2nd edn (Basingstoke, 2001).

Raiser, Konrad, *Ecumenism in Transition. A Paradigm Shift in the Ecumenical Movement* (Geneva, 1991).

Rawls, John, *Political Liberalism* (New York, 1996).

Rawls, John, *A Theory of Justice*, revised edn (Oxford, 1999).

Royle, Edward, *Victorian Infidels. The Origins of the British Secularist Movement 1791–1866* (Manchester, 1974).

Scruton, Roger, *Kant. A Very Short Introduction*, revised edn (Oxford, 2001).

Shinners, John (ed), *Medieval Popular Relgion 1000–1500. A Reader* (Ontario, 1997).

Siedentop, Larry, *Democracy in Europe* (London, 2000).

Southern, R.W., *Western Society and the Church in the Middle Ages* (London, 1970).

Stouck, Mary-Ann (ed), *Medieval Saints. A Reader* (Ontario, 1999).

Stout, Jeffrey, *Democracy and Tradition* (Princeton, 2004).

Sykes, Richard, *Popular Religion in Dudley and the Gornals, c. 1914–1965* (unpublished University of Wolverhampton PhD thesis, 1999).

Sykes, Stephen, *The Identity of Christianity. Theologians and the Essence of Christianity from Schleiermacher to Barth* (London, 1984).

Thacker, Alan, and Sharpe, Richard (ed), *Local Saints and Local Churches in the Early Medieval West* (Oxford, 2002).

Thomas, Keith, *Religion and the Decline of Magic. Studies in Popular Beliefs in Sixteenth and Seventeeth-Century England* (London, 1973).

Thrower, James, *Western Atheism. A Short History* (New York, [1971] 2000).

Ustorf, Werner, 'Not through the sound of thunder', The quest for God in the backyard of history, in Young, Frances (ed), *Dare We Speak of God in Public?* (London, 1995), pp.100–14.

Voltaire, *Candide* (London, [1759] 1997).

Volz, Carl, *The Medieval Church. From the Dawn of the Middle Ages to the Eve of the Reformation* (Nashville, 1997).

Weber, Max, *The Protestant Ethic and the Spirit of Capitalism*, trans. Parsons, Talcott (London, [1930] 1992).

Williams, Sarah, *Religious Belief and Popular Culture*, in Williams, Sarah, *Religious Belief and Popular Culture in Southwark, c. 1880–1939* (Oxford, 1999).

Wilson, Bryan, *Religion in Secular Society* (London, 1966).

Young, Frances (ed), *Dare We Speak of God in Public?* (London, 1995).

索　引

（本索引所标页码为英文版页码，参见本书边码）

238

图书在版编目（CIP）数据

世俗主义简史 /（英）格雷姆·史密斯著；蒋显璟译 . —北京：商务印书馆，2021
ISBN 978-7-100-19524-9

Ⅰ. ①世⋯ Ⅱ. ①格⋯ ②蒋⋯ Ⅲ. ①宗教史—思想史—西方国家 Ⅳ. ① B929.5

中国版本图书馆 CIP 数据核字（2021）第 030347 号

世俗主义简史

〔英〕格雷姆·史密斯 著

蒋显璟 译

商 务 印 书 馆 出 版
（北京王府井大街 36 号 邮政编码 100710）
商 务 印 书 馆 发 行
北京市白帆印务有限公司印刷
ISBN 978 - 7 - 100 - 19524 - 9

2021 年 4 月第 1 版 开本 880×1230 1/32
2021 年 4 月北京第 1 次印刷 印张 7⅞
定价：42.00 元